佐藤優のウチナー評論 2

琉球新報社

佐藤優のウチナー評論 2

まえがき

私は、過去数年の間に、大きな病気をいくつかしました。２０２２年1月には末期腎不全のために血液透析を導入しました。医師からは、余命が8年くらいになる可能性もあると言われました。その年の3月には前立腺がんが見つかり、全摘出手術を行いました。その4カ月後の7月には、心臓の冠動脈が1カ所90％閉塞していて、ステント（金属の輪）を入れる措置をとりました。まるで病気のデパートのような状態でした。

23年6月に妻をドナーとする生体腎移植を受けました。手術は成功し、腎臓の調子が20代の頃に戻っています。血液透析からも離脱することができました。もっとも免疫抑制剤を一生飲み続けなくてはなりません。人為的に免疫を低下させているので、がんにかかると進行が早くなるリスクがありますが、統計を見る限り、余命は倍以上に伸びています。

私はプロテスタントのキリスト教徒なので（この信仰は沖縄人である母から継承したものです）、命は神によって貸与されたものと考えています。神が私の命の貸与期間を延ばしたのです。それには理由があるはずです。この世でやるべき仕事があるから命を延ばされたと私は理解しています。そのうちの重要な仕事が、沖縄の想いを日本人に伝え、日本の論理（そのかなりの部分が不愉快な内容です）を沖縄に紹介することです。琉球新報に連載している私のコラム「ウチナー評論」は、まさにその作業なのです。この作業を進める過程で、沖縄人と日本人の複合アイデンティティーを持っている私の意識は、より沖縄人にシフトし、己を日本系沖縄人と思うようになりました。本書が沖縄の自己決定権強化のために寄与できればいいと思っています。

2024年4月10日、曙橋（東京都新宿区）の自宅にて

佐藤　優

目次

目次

目次

目次

存在論としての普天間問題

安保で再び「捨て石」の危機

（2010年4月24日）

近代の民主主義国は、選挙によって選ばれた代表者（国会議員）によって国家意思を決定する間接民主主義をとっている。だが多数派が力の論理で少数派を無視する国策を強行しようとする場合には、直接民主主義によって異議申し立てをせざるを得ない。

あすの県民大会は、沖縄の利益だけを反映したものではない。日本の民主主義が機能不全に陥ることを防ぐためにも極めて重要な行事だ。普天間問題について、鳩山由紀夫総理は現時点でも沖縄県外への移設を基本に考えている。鳩山総理の立場を明確に支持している閣僚は、福島瑞穂少子化担当相、与党の国会幹部は鈴木宗男衆議院外務委員長だけだ。沖縄の声で鳩山総理に初志を貫徹させるのだ。一人でも多くの沖縄県民が県民大会に参加することで状況を変化させることが可能になる。

どうしても大会に参加できない人は、首相官邸ホームページをクリックして「ご意見募集／FAQ」もしくは、はがきで〒100―0014東京都千代田区永田町二丁目3番1号、鳩山由紀夫総理あてに「私も県民大会に参加する意思があったが、仕事の都合、個人的事情などでどうしても出席できなかった。私の思いは、県民大会に参加した人々と同じだ」というメッセージを送る。こういうメッセージが具体的に届くことによって、首相官邸に勤務するエリート官僚が、皮膚感覚で事態の深刻さを認識する。

県民大会後、東京の政治家や有識者からこんな議論がでてくるのではないかと筆者は予測している。

《米国の海兵隊が日本から絶対に出て行かないという見方は間違えている。日本政府が「沖縄の海兵隊は日本国外にお引き取り願いたい」と言えば、米国は「はい、分かりました」と言って出て行く。その場合、沖縄に駐留する部隊だけでなく、全海兵隊部隊が日本から撤収する。抑止力には独自の文法がある。海兵隊が日本から撤収すれば、その隙《すき》をついて中国が沖縄近辺に進出する。1992年の領海法で中国は尖閣諸島を自国領に編入した。現在、日本が尖閣諸島を実効支配しているが、この状況を中国が覆そうとするかもしれない。それを抑止するためには、沖縄に海兵隊を駐留させるほかない。沖縄の人々にはお気の毒だが、ここは日本全体の安全保障のために我慢してもらうしかない。鳩山総理が沖縄県民に対して、深く頭を下げ、謝罪し、沖縄県内への移設を受け入れてもらうしかない。》

これは、太平洋戦争の末期に、本土防衛のために沖縄を「捨て石」にした大本営参謀の論理と同じだ。抑止力という情勢論ではなく、沖縄と沖縄人が名誉と尊厳をもって21世紀に生き残るためにどうすべきかという存在論を構築しないと、再び沖縄が「捨て石」にされる。

沖縄の未来に向けて（上）

自らの運命自ら選ぶ時

（2010年5月8日）

日本の民主主義が機能不全に陥ろうとしている。その中で、沖縄は本気で生き残りを考えなくてはならない。

5月4日の沖縄訪問の際の記者会見で、鳩山由紀夫総理は〈やはり、えー、この現在のアメリカ、日米同盟の関係の中で抑止力を維持する必要性というようなことから、国外あるいは県外にすべてを、普天間の機能をですね、移設することは難しいということに至りました。したがって誠に申し訳ないという思いで今日はおうかがいしたんですが、沖縄の県民の皆さま方のご理解をたまわって、やはり沖縄の中に一部、この機能を移設せざるを得ないと。そのようなことに対してご理解をいただけないかということを、仲井真（弘多）知事に申したところでございます。具体的な地域ということに関しては、仲井真知事とはお話を申し上げておりません。〉

内にするということだ。

（5月4日asahi．com）と述べた。その趣旨は、米海兵隊普天間飛行場の移設先を沖縄県

ることができないと通告してきたわけだ。

鳩山氏が、総選挙前に民主党代表の立場で行った沖縄県民を含む日本国民への約束を履行す

これに対してエキセントリックな対応をする必要はまったくない。なぜなら、沖縄の死活的利益に絡む問題を決定する場合、沖縄人の意向を無視することはできないからだ。沖縄は自らの運命を、自らの意思で選び取ることができる自己決定権を持っている。その自己決定権に関する意識は、必要がない時は眠っているが、沖縄と沖縄人の生き残りが必要な場合は、自然に目を覚ます。こういう時にこそ沖縄の根源的な力を信じることが重要になる。東京の政治エリート（閣僚、国会議員、官僚）が抑止力論に基づいて、沖縄人の意思に反する政策を遂行しようとしても、それに付き合わなければよいだけのことだ。

鳩山総理は、地元の意見を聞きたいと言った。沖縄は自らの意見を伝えた。鳩山由紀夫氏は私人としてではなく、日本国の政治的最高責任者である内閣総理大臣として沖縄を訪れた。今回の訪問で、沖縄は日本の中央政府と何の合意もしていない。合意していないことに拘束される必要はないという姿勢を沖縄は淡々と貫けばよい。

それとともに、東京の政権中枢において、どのような綱引きが行われているかを正確に分析

する必要がある。そのためには、鳩山総理が、選挙によって民意を体現する機能と官僚の最高責任者であるという機能を持つことを区別して考えなくてはならない。通常はこの二つの機能は一致していると擬制されるが、危機においては乖離《かいり》が生じる。この乖離が普天間問題で端的に現れているのだ。

沖縄の未来に向けて（下）

総理の〝脱官僚〟後押しを

（2010年5月15日）

5月13日、鳩山由紀夫総理は、〈米軍普天間飛行場の移設問題について「国民に約束した5月末まで（の決着）にできる限りのことをするが、すべてのことが果たせるかどうかだ。6月以降も詰める必要があるところは努力する」と述べた。〉**（5月13日琉球新報電子版）**

鳩山総理は、5月末までの普天間飛行場移設先の決定を断念することを表明したわけである。沖縄の総意が反対するような解決を5月末までに押しつけられるという最悪のシナリオは回避された。ここで、なぜ最悪のシナリオが回避されたかについて、冷静に考えてみよう。

選挙によって民意を体現する機能と官僚の最高責任者であるという機能が「区別されつつ分離されず」に、鳩山由紀夫氏という一人の人格に集約されている。5月4日、沖縄県民を抑止力論で説得しようとした時は、鳩山総理の官僚の責任者としての機能が優越し、同13日に5月末の決着を断念すると述べた時は民意を体現する機能が優越している。われわれが心と力を合わせて、鳩山総理を沖縄の民意により引き寄せていかなくてはならない。

いま避けなくてはならないのは、鳩山政権の崩壊だ。総理のポストが民主党内でたらい回しにされるか、野党側に行くかは、本質的問題でない。鳩山氏の次の総理は、普天間問題に関して、自民党政権時代の日米合意、すなわち辺野古沿岸かその微調整で、「日本国家全体の利益のためにお前たちは我慢しろ」と言って、解決を沖縄に押しつける。ちなみに、いわゆる「アメとムチ」の政策、すなわち米軍施設受け入れの見返りに地域振興という名目でカネを出すことを、あの人たちはしない。「行政から無駄を省く」という観点から「沖縄のわがままにこれ以上付き合う必要はない」という集合的無意識＝差別意識が東京の政治エリート（国会議員・官僚）とマスメディアに存在しているからだ。沖縄の経済人、特に建設業界の人々は、この現実を直視すべきだ。繰り返すが、東京の政治エリートに過剰同化しても、見返りはない。「沖縄人よ。よく聞け。中国の脅威から、われわれが米国にお願いしてお前たちを守っているのだ。それに米国基地のおこぼれでメシを食えているではないか。感謝しろ」と恩に着せられるだけだ。沖縄の未来のために、沖縄人が名誉と尊厳を持って生き残るために、保守、革新の壁を越えて、「われわれの沖縄の利益」だけを考え、団結しようではないか。沖縄の民意を体現しない中央政府の決定には従わない。不服従によって鳩山総理を、官僚による包囲網から解放する。そのことが中長期的視点で鳩山政権の権力基盤の強化にも貢献する。

平成の琉球処分（上）

革新陣営の過剰な美学

（2010年6月19日）

沖縄の運命は、沖縄人が決める。ここでいう沖縄人とは、現在、沖縄県に居住している人々だけではない。沖縄の血を引き、沖縄人であるという自己意識を持つ本土、全世界に居住する沖縄人、さらに既にこの世を去った沖縄人の魂を含む。とりわけ薩摩の琉球侵攻、明治の琉球処分、ソテツ地獄、沖縄戦などで非業の死をとげた沖縄人の魂が重要だ。

日本の総人口の1％強を占めるにすぎない沖縄が、東京の政治エリート（国会議員、官僚）の定めた「ゲームのルール」に従っていると、敗北を喫する。沖縄は絶対に敗北することはできない。米海兵隊普天間飛行場の沖縄県内への移設を強行しようとする東京の政治エリートの論理は、「われわれ政治エリートのために（日本人全体のためでない）、沖縄はつべこべ言わず、『捨て石』になれ」ということだ。これまで、沖縄はずっと「捨て石」になってきた。もう捨てることができる石は残っていない。沖縄の意思に反する飛行場移設を強行することを看過すると、沖縄の文化全体が破壊される。御先祖様の魂が汚される。それだから、巧みな文化闘争によって「平成の琉球処分」を撤回させるのだ。

難しい課題であるが、達成可能である。ただし、たった一つの制約条件がある。沖縄が団結することだ。筆者は、沖縄に住んだことがない。また、独自の政治的立ち位置のせいか、沖縄の保守、革新、両陣営と付き合いがある。そこであえて両陣営に苦言を呈したい。小さなプライドを捨て、沖縄人としての本物の矜持《きょうじ》を持とうではないか。

「沖縄の敵以外は、すべてわれわれの味方である」という原則で沖縄県内の沖縄人が団結してほしい。政治集会における共闘とは異なる。もっと深いところで、われわれの心の底を流れる沖縄人の魂のレベルで、互いに相手を尊重してほしいのである。

まず、革新陣営に苦言を呈する。あなたたちは、頭がいい。しかし、過剰な美学がある。小さなプライドが強すぎる。他者に対して厳しすぎる。「正しいことをやっているからわれわれについて来るのが当たり前だ」というおごりがある。結果としてそれが東京の政治エリートに事実上の白紙委任状を与え、「平成の琉球処分」の環境整備をしてしまう。あなたたちの仲井真弘多知事に対する評価は、厳しすぎる。4・25県民大会で「差別に近い印象すら持つ」と述べたことを、なぜもっと虚心坦懐《きょしんたんかい》に受け止めないのか。「『差別に近い』とは何ごとだ！　差別そのものではないか」「『印象』ではないだろう。事実じゃないか」と仲井真知事を非難して、そこから何か沖縄にとって利益が見いだされるのだろうか。よく考えてみようではないか。次回は保守陣営に対する筆者の意見を率直に述べる。

平成の琉球処分（下）

沖縄保守の伝統に誇りを

（2010年6月26日）

沖縄の保守陣営は、経済界と結びついている。社会を安定させる上で経済が重要だ。沖縄に対する差別を緩和する上で、経済復興が果たした役割は大きい。革新陣営が美学にとらわれ、保守陣営批判や革新陣営内部でのさまざまなイデオロギー論争をしている時に、ぐっと歯を食いしばって沖縄の同胞が生活する基盤を整えたのは保守陣営と経済界だ。沖縄保守の伝統に誇りをもってほしい。それとともに、沖縄保守の思想を言語化する努力が必要だ。保守とは、故郷の土地と文化に結びついた思想だ。

日本の保守思想は、究極的に『古事記』や『日本書紀』で展開された開闢《かいびゃく》神話に基づいている。しかし、沖縄はヤマトと開闢神話を共有していない。「何が沖縄を沖縄たらしめているか」ということを自分の頭と心で真剣に考え、言葉にしない限り、沖縄保守は、「東京の保守の沖縄出張所」にすぎない。これでは同胞の心をつかむことができない。

集団自決、米軍基地、沖縄差別などの問題で、沖縄の保守陣営の人々が、実は本土の保守陣営の人々と話す時、一番違和感を感じ、心の底で傷ついているのではないだろうか。東京の政治エリートに過剰同化しても沖縄にとって良いことは何もない。

西銘順治元沖縄県知事の「いくらヤマトゥンチュになろうとしてもなり切れない。ヤマトゥンチュに負けるな」という口癖に沖縄保守の原点があると思う。筆者が外交官としてモスクワに勤務している時に、衆議院代表団のメンバーとして訪れた西銘氏の通訳をしたことがある。西銘氏に「君はどこの出身か」と聞かれた。筆者は「東京です」と答えた。すると西銘氏は「御両親はどこの出身か」と尋ねた。筆者は「父は東京で、母は沖縄の久米島です」と答えた。西銘氏は「やはりそうか。お母さんがウチナーンチュだったら、君もウチナーンチュだ」と言った。その後、目を細めて「モスクワでウチナーンチュが外交官として活躍しているのか。ヤマトの連中に負けるなよ」とささやいた。西銘氏も外務省の先輩だ。筆者とモスクワで席を並べて仕事をした外交官がいま外務省沖縄事務所に2人いる。この2人は辺野古への移設を是が非でも実現しようと日夜腐心している。西銘氏の言葉を肝に銘じ、あの連中には絶対に負けないと筆者は思いを新たにした。

東西冷戦はとっくに終わった。保守、革新という冷戦時代の残滓《ざんし》を引きずり、沖縄人同士がいがみ合うのをいいかげんやめようではないか。そんなことをしても沖縄の敵を利するだけだ。保守陣営も革新陣営も、もっと深く沖縄を愛そうではないか。「平成の琉球処分」を阻止するために、保守陣営、革新陣営の一人一人が少しだけ勇気を出して目に見えない沖縄党を強化しようではないか。

琉球王国の外交文書

歴史の連続性取り戻せ

（２０１０年8月14日）

8月10日の閣議は日韓併合条約発効１００年に関する菅直人首相談話を決定した。過去に日本政府が韓国に対して述べたことを繰り返しているだけで、追加的な謝罪はない。

ただし、新しい内容が一つある。談話では、〈日本が統治していた期間に朝鮮総督府を経由してもたらされ、日本政府が保管している朝鮮王朝儀軌《ぎき》等の朝鮮半島由来の貴重な図書について、韓国の人々の期待に応えて近くこれらをお渡ししたいと思います〉と述べられている。韓国の文化遺産を韓国に返すのは当然のことだ。

菅直人首相は談話で〈私は、歴史に対して誠実に向き合いたいと思います。歴史の事実を直視する勇気とそれを受け止める謙虚さを持ち、自らの過ちを省みることに率直でありたいと思います。痛みを与えた側は忘れやすく、与えられた側はそれを容易に忘れることは出来ないものです〉と強調した。

この考え方は、かつて琉球王国という国家をもっていた沖縄に対しても適用されるべきだ。1868年の明治維新前、1850年代に琉球王国は、琉米修好条約（1854年）、琉仏修好条約（1855年）、琉蘭修好条約（1859年）という三つの国際条約を締結した。米国、フランス、オランダは、琉球王国を国際法の主体と見なしていたということだ。

沖縄にかつて独立国家があったという現実を皮膚感覚で取り戻す必要がある。そのためには大城立裕氏の『小説琉球処分』を読むことだ。菅首相がこの小説に言及したことにより、需要が高まり、8月12日に講談社文庫から復刊された。アマゾンでは発売の直後、一時品切れになった。歴史書を読めば、琉球処分の経緯に関する知識を身に付けることができる。

東京の政治エリート（政治家、官僚）は、琉米、琉仏、琉蘭の三つの国際条約を日本政府が琉球藩から奪い取ったことを「外国の干渉を防ぐために必要だった」と合理化するであろう。しかし、知識だけでは沖縄人の心情を理解することはできない。沖縄の心を理解するためにこの小説を読むことが有益であると筆者は東京の政治エリートに呼びかけている。

同時に沖縄の若い世代に、ぜひ『小説琉球処分』を読んでもらいたい。そして、過去の歴史との連続性を皮膚感覚として取り戻そうではないか。

琉米、琉仏、琉蘭の3条約の原本は、現在、東京の外交史料館に保管されている。沖縄の歴史にとって貴重な文書だ。菅政権はこの3文書を沖縄県公文書館に自発的に返還すべきだと思う。

（2010年10月23日）

レトリック（修辞）

差別自覚させる努力必要

沖縄をめぐる東京の政治エリート（国会議員、官僚）の論理がかつてなく変調を来している。

尖閣諸島沖における中国漁船衝突事件後、東京の政治エリートは頓珍漢《とんちんかん》な安心感を持つようになった。「今回の尖閣諸島をめぐる中国の強圧的な態度で、米海兵隊が沖縄に駐留し、抑止力を機能させる必要があることが明らかになった。だから米海兵隊普天間飛行場の辺野古崎周辺への移設に対して、誰も異論を唱えることができなくなる。これで近未来に普天間問題は解決する」という安心感だ。ここでいう「誰も」には沖縄県民も含まれる。

しかし、冷静に考えてみようではないか。現在、沖縄に海兵隊は駐留している。それにもかかわらず、中国は尖閣諸島に対して強圧的な態度を取ったのである。このことからしても尖閣問題をめぐる抑止力として、沖縄の米海兵隊は機能していないということは明白だ。抑止力として機能していないのだから、沖縄の外に出て行っても問題はないはずだ。これが客観的な論理である。実際に、国会議員や官僚、さらにマスコミ関係者にこの理屈を述べると、誰もが「確かに佐藤さんの言う通りです」と答える。

問題は、客観的に米海兵隊が尖閣諸島をめぐる中国に対する抑止力として機能していないにもかかわらず、なぜその単純な事実に東京の政治エリートが気づかないのかということだ。ここに構造的差別がある。日本の陸地面積のわずか0・6%を占めるにすぎない沖縄に、在日米軍専用施設の74%が存在する。このような現状が沖縄に対する差別政策であるという認識を偏差値エリート型の官僚や国会議員は、まったく持っていないのである。

構造的差別を気づかせるために、筆者は国会議員や官僚に、「私は太っています。自覚症状はなく、元気なつもりです。しかし、病院で検査してもらったら、高血圧、高血糖、高尿酸など生活習慣病をいくつも抱えています。現状を放置しておくと、そう遠くない将来に命にかかわる深刻な事態になると医者に警告されています。それで、きちんと薬を飲むとともに努力して減量を試みています。これと同じことが米軍基地をめぐって沖縄で起きているのです。沖縄のためでなく、日本が生き残るために、米海兵隊普天間飛行場の県外移設が不可欠なのです」という説明をあえてすることにしている。沖縄に対する差別を政治エリートに自覚させるためには、あの人たちに理解できるレトリック（修辞）を研究することが不可欠だ。

（2010年10月30日）

ナロードノスチ

琉球民族出現の可能性

ロシア語にナロードノスチ（народность）という言葉がある。日本語では亜民族と訳されることが多い。民族とは、米国の政治民族学者ベネディクト・アンダーソンが述べているように、「想像の政治的共同体」で、200年強の歴史しかもたない近代の産物だ。それが、いにしえの昔から存在するという勘違いをわれわれ近現代人はしている。この勘違いに民族の強さがある。

それでは、近代的な民族が成立する以前に、民族のような共同体は存在したのだろうか？ロシアの民族学者たちは「存在した」と考え、それを亜民族と呼んだ。ここで重要なのは、近代化とともに亜民族がすべて民族になるわけではないということだ。

〈民族の出現以前には、血族、種族、亜民族などという人間の共同体が存在していた。人間の共同体のあたらしい形態としての民族は、封建制の崩壊と資本主義の発生の時期に出現した。しかしその場合でも、亜民族は完全には消滅しない。なぜなら、経済的に発達している国ぐにの資本主義的生産方法とならんで、経済的にたちおくれている国ぐにでは、前資本主義的社会構成の残存物がたもたれているからである。そのほかに、帝国主義国家のブルジョアジーがおこなっている民族の奴れい化と抑圧の政策は、被抑圧民族の経済的文化的発展を力ずくでさまたげている。まさに、こうしたことのために、従属国、植民地諸国では、種族と亜民族の民族への統合の過程がさまたげられているのである。〉

（グローシェフ『ソ連邦における民族問題解決の歴史的経験』モスクワ・プログレス出版

所、１９６８年、７ページ）

筆者は、モスクワの日本大使館に勤務するかたわら、ロシア科学アカデミー民族学人類学研究所に所属し、民族・エスニシティ理論を研究していた。この研究所は、大統領府や政府の諮問に答える政策に影響を与える研究所だ。日本語を含む7カ国語で、論文を書いたり、講演したりすることができ、40カ国語近くを解する「歩く百科事典」と呼ばれるセルゲイ・アルチューノフ博士（科学アカデミー準会員）の指導を筆者は受けた。

亜民族について説明するときに、アルチューノフ先生は、「日本の場合、沖縄が典型的な亜民族です。今は沖縄人は日本に統合されているように見えます。しかし、シンボルをめぐる闘争が生じると、急速に差異が拡大し、これが国際問題とからまると琉球民族が出現する可能性が、理論的に否定されていません」と述べた。１９８９年のことだった。筆者は、アルチューノフ先生の民族理論に関する研究書『人々と文化』を本棚から取り出して、いろいろ考えている。

知事選挙と沖縄の運命

団結の遺産を生かせ

（2010年11月27日）

23日の北朝鮮による韓国・延坪島砲撃事件以後、戦争の危機が現実になりつつある。尖閣諸島をめぐっても、現状を放置しておくと近未来に日中の武力衝突の可能性が排除されないと筆者は見ている。

そのような状況で明日行われる県知事選挙は、沖縄だけでなく、日本と東アジア地域の運命に大きな影響を与える。激しい選挙戦を展開する当事者には見えないが、少し距離を置いている者に見える事柄もある。例えば今回の知事選挙で語られている内容が、安全保障問題、経済問題、環境問題などの分野でも水準が極めて高いことだ。他の都道府県知事選挙とはレベルがまったく異なる。沖縄が国家として自立していくことができる基礎体力をもっていることがうかがわれる。

今回の知事選挙には二つの争点がある。一つは権力闘争だ。ただし、ここだけに目を奪われるともう一つの、筆者の理解ではより重要な真実の争点を見失う。それは東京の政治エリート（国会議員、官僚）による構造的差別に対する戦いだ。東京の政治エリートは、米海兵隊普天間飛行場の移設問題で、沖縄を分断したかった。東京の買弁勢力を沖縄につくりたかった。しかし、沖縄はそれに付け込む隙《すき》を与えなかった。選挙戦を戦っている当事者には恐らく見えないが、客観的には今回の知事選挙を通じて「目に見えない沖縄党」ができた。この遺産を今後の政治にどう生かすかが課題だ。

知事選挙の候補者に呼びかける。明日、県民による審判が下される。その結果を厳粛に受け止めた上で、「戦後処理」を考えてほしい。保守対革新といった類《たぐい》のものはや機能していないシンボルに頼るのではなく、沖縄の生き残りのために、沖縄を愛するすべての人が団結してほしいのである。知事選挙の当選者は、次点の候補者を「沖縄県最高顧問」に指名して、県政の内側に含めてほしい。それくらいの想定外の手法で、沖縄の民意を目に見える形で示せば、菅直人政権に辺野古移設を白紙撤回させる道が開ける。

この団結は、沖縄経済のためにも重要だ。沖縄で「アメとムチ」の政策という話をよく耳にするが、それは誤った現状認識だ。東京の政治エリートは沖縄に対して既に十分「アメ」を与えたので、今後は「ムチとムチ」の政策をとる。現状でも、中央政府から沖縄に投下される資金が県内業者で使われる仕組みをつくれば（ここでは独占禁止法の特別適用が鍵になる）、追加的予算措置なしに沖縄経済を目に見える形で改善できる。そのためにも沖縄の団結が不可欠だ。

外務官僚のシナリオ

予測される「ムチとムチ」

（2010年12月4日）

12月2日、首相官邸で仲井真弘多知事と菅直人首相が会談した。同日夜の会見で、菅首相は記者団に対して、「今日、仲井真知事が当選されて来られましたので。私から、お祝い申し上げると同時に、いくつかの話を致しました。今、お話があったように、仲井真知事のほうから自分は県外という公約をしたんだと、おっしゃったので。それをもちろん、聞かせていただきました。そのうえで、私たちは知事の公約は承知をよくしていると。しかし、政府としては5月28日の日米合意を踏まえて、それに加えて、沖縄の基地の負担の軽減のために全力を尽くしていきたいと。また、いろいろ経済問題も出ていましたので。そういう面でも進めていきたいと、こういうふうに申しあげまして。いろいろ話し合っていこうということでは、お互いに了解できたかなと、こんなふうに思っております」（12月2日asahi．com）と述べた。

菅首相は、経済振興と基地負担軽減というカードで、米海兵隊普天間基地の辺野古崎周辺への受け入れを、仲井真知事に情理ある説得によって認めさせようとしている。

要するに県知事選挙で表明された沖縄の民意を無視し、辺野古移設を実現するということだ。

菅首相は、仲井真知事を翻意させ、辺野古案を認めさせることができるという淡い期待を持っているのかもしれない。しかし、官僚はもっと冷徹だ。筆者自身、外務官僚として強引な仕事をした経験が何度もある。沖縄を担当する有能な外務官僚は、次のような提案を外相と首相にすると思う。

「仲井真知事にとって、辺野古案を受け入れることは、政治的自殺行為です。それを理解した上で、知事辞任と引き替えに辺野古案を受け入れさせるシナリオを組み立てるべきです。仲井真氏は通産官僚でした。だから、霞が関（中央官庁）の総意として沖縄に圧力をかければ、それに抗することが沖縄県民の利益を毀損《きそん》することになると、皮膚感覚で分かるはずです。だから、経済振興と尖閣問題、日米同盟による抑止力など、すべての要因で仲井真知事を包囲するのです。そして、この状況を突破するには、政治生命を失うことになっても、所与の条件下、辺野古を受け入れることが、唯一の沖縄が生き残る道だと知事に悟らせるのです。徹底的な圧力、ムチとムチの政策で沖縄に対処すべきです」

いま重要なのは、沖縄が一丸となって（そこには本土や全世界の沖縄関係者が含まれる）、沖縄の民意によって選ばれた仲井真知事が公約を貫くことができるように現実的な支援をすることだと筆者は考える。

母の言葉

日本への二律背反的思い

（2011年1月29日）

1月23日に母の納骨を済ませた。富士山麓《さんろく》の霊園で、ここには既に父と、生後すぐに死亡した私の兄が眠っている。母はあちら側の世界で、3人で新しい生活を始めているのだと思う。母は死ぬ前に、「私の骨の一部を、久米島の海が見えるところに埋めてほしい。夕陽がよく見えるところがいい」と言っていた。それだから火葬のときに分骨の手続きをとった。去年、久米島に行ったときに、どの景色を母が頭に描いていたのだろうと考えながら、あちこちに立ち寄ってみた。その結果、旧具志川村の西銘近辺から、要するに子どもの頃《ころ》に住んでいる場所から見た海を母は死ぬ前に頭に思い浮かべていたのだということがわかった。ただし､母の骨は、しばらく筆者のそばに置いておこうと思っている。それは、母から残された宿題がまだ終わっていないからだ。

母の遺品の中に沖縄戦に絡む物は1つしかない。縦3センチ、横2センチ、奥行き1センチの太鼓型のお守りだ。そこには、母の手書きのメモがつけられている。

「昭和20年5月沖縄県浦添村

前田の陣地で特攻隊（小隊長）
田口輝男少尉より
（お守り袋はなくなりこれだけ残る）」

母は14歳のときに沖縄戦に遭遇した。「石部隊」（陸軍第62師団）の軍属として、軍とともに行動した。母は多くの将兵から「もし内地に行くことがあったら、家族に届けてほしい」と言われ、預かった手紙や写真をズボンのポケットにたくさん入れていた。１９４５年7月、摩文仁海岸の洞窟《どうくつ》で米軍の捕虜になったときに、ハワイ出身の日本語を話す米兵から「ポケットに入っている物をすべて出せ」と言われた。数人の米兵が自動小銃を母に向けている。母のポケットには自決用に渡された手榴弾《しゅりゅうだん》が入っていた。母は筆者に「沖縄戦であの瞬間が、いちばん殺される可能性が高かった」と何度も言っていた。そのときにポケットから出した手紙、写真はすべて米軍によって没収された。母は中にある物をすべて出したつもりだったが、ポケットの底に太鼓型のお守りだけが残っていた。結局、このお守りが母の沖縄戦に遭遇したことを示す唯一の物証なのである。

筆者が生まれる少し前に、父が田口少尉のお母さんを捜し当てた。母は、田口少尉のお母さんに会い、斬《き》り込み攻撃に行く直前の息子の様子について話し、お守りを渡した。しばらくして、田口少尉のお母さんから、手紙が来た。「これは、戦場をくぐりぬけてきたあなたが持ってた方がいい」と書かれ、お守りが同封されていた。4年前、母は突然、沖縄戦について語りたいと言い、文藝春秋社の編集者を交えてロングインタビューを行った。「本にした方がいいと思うならば、そうしてもいい。優君の記憶にとどめておくだけで、公表しなくてもいい。すべて優君にまかせる」と母は言った。死ぬ前に最後に会ったとき母は「普天間問題でまた沖縄が差別されている。差別されているから沖縄は戦争であんなめに遭わされたんだ」とつぶやいた。日本に対する二律背反的な思いを最後まで抱きつつ、あえて整理しなかった母の沖縄戦記をこれからまとめようと思う。この仕事が終わるまで、母の骨を筆者の仕事場に置いておくことにする。

沖縄の勝利

山を動かした味方の力

（2011年3月12日）

10日、米国務省は、沖縄に対する差別発言を行ったメア日本部長を解任した。過去、日本に関する舌禍で米国政府の高官が解任されたことはない。7日にこの差別発言が露見した直後から沖縄人が団結し、知恵を駆使し、迅速に勇気をもって行動したことがこの勝利につながった。ただし、これは局地戦における勝利にすぎない。沖縄に対する構造的差別を脱構築することが目標だ。そのためにも今回の局地戦における勝利の原因を分析しておく必要がある。

筆者は何よりも情報戦において、沖縄のマスメディアが極めて適切な対応をとったことが、決定的重要性をもったと見ている。特に琉球新報の動きが速かった。メア差別発言問題に関する情報を琉球新報電子版が次々と流した。これが東京の国会議員や記者たちに影響を与えた。特にこれらの報道を踏まえ原口一博前総務相が枝野幸男官房長官をはじめとする菅政権中枢に働きかけたことが、本件に関する政府の認識を官僚の手から引き離し、政治主導に転換させる要因になったと筆者は見ている。

さらに8日の社説で琉球新報がメア氏更迭を要求し、沖縄県議会もメア発言に対する抗議決議を全会一致で採択した。翌9日の社説で沖縄タイムスもメア氏更迭を要求し、県全体に抗議活動が拡大した。沖縄2紙がメア氏更迭を社論として掲げたことによって、東京の政治エリート(国会議員、官僚)が事態の深刻さを認識した。

さらに沖縄2紙が社説などを迅速に英訳し、電子版で報道したことにも大きな意義がある。米国のオバマ政権が人種差別問題、民族差別問題に敏感なことを意識し、東京の中央政府を経て米国政府に沖縄の声を伝えるという手法のみに頼らず、沖縄から米国の国家意思を決定するワシントンと国連本部があるニューヨークに直接影響を与えることを狙った琉球新報と沖縄タイムスのインテリジェンスが今回、米国政府がメア氏解任が事態を沈静化させるための最低条件であるという認識をもたせる上で大きな役割を果たした。

沖縄発の民主主義が、日米両国政府を動かしたのである。目に見えないところで沖縄の味方となって動いた政治家、有識者、ジャーナリストも沖縄、日本、米国に少なからずいた。こういう人々の陰徳を過小評価してはならない。普段は外務官僚や防衛官僚の権謀術策によって分断されてしまう沖縄の味方の力を結集することができたので、今回は山を動かすことができたのである。ここで重要なのはメア差別発言が生まれた原因の真相を究明する作業だ。そのためにも「われわれに敵対する者以外はすべて味方である」という精神で、沖縄の味方を増やしていく必要がある。

ひとつになれ沖縄！

危険な東京へのおもねり

（2011年4月16日）

東京のあちこちで「ひとつになれ日本！」というスローガンを見る。東日本大震災から復興するためには日本国家と日本人の団結が必要であることは言うまでもない。ただし、沖縄の立場からすると、ここでいう「日本」の内容が問題になる。筆者に沖縄人の血が流れているということを知らない現役の霞が関官僚、外務省OB、政治家、新聞記者が、個人的会話の中で以下のような暴論を平気で述べることがある。

「震災で政府はたいへんなんだ。災害支援で米海兵隊の有益性が分かった。沖縄はつべこべ言わず、日米の国家間合意と閣議決定で決められた米海兵隊普天間飛行場の辺野古移設を無条件で受け入れよ。それから、普天間飛行場もいざというときに役に立つので、住民に返還せずに、当面の間、日本政府が管轄する。それから、東日本大震災で被災した地域にカネを回さなくてはならないので、沖縄振興のためのカネもばっさり削る」

もちろんこういう暴論に対して筆者は理詰めで徹底的に反論する。こういう言説に、沖縄を犠牲にして日本を救うという構造的差別が埋め込まれている。旧日本軍大本営のエリート参謀が企画立案した「沖縄決戦」の思想の反復だ。差別が構造化している場合、差別している側はその事実を認識していないのが通例だ。だから、無神経な言説にいちいち腹を立てるのではなく、ていねいに説得していく努力が沖縄側に求められる。

ここで危険なのが、沖縄の内側から出てくる過剰同化の傾向だ。特に沖縄選出の国会議員が、東京における自己の権力基盤を強化するという野心から「東日本大震災の負担を沖縄も分かち合う必要がある。福島第一原発事故で苦しんでいる人々の負担を、辺野古でなくとも、県内に普天間飛行場の代替地を提供することで、日米同盟深化のために貢献しよう」などというような発言をすると、外務官僚、防衛官僚はそれに飛びつく。沖縄に対する差別構造を放置するどころか強化して、震災からの復興を試みても、沖縄の心が東京の中央政府から離れるだけだ。それでは「ひとつになれ日本!」という目標とはまったく逆の日本国家統合の危機をもたらす。

いま重要なのは沖縄が「ひとつになれ沖縄! ひとつになれ日本!」という二つのスローガンを同時に掲げることと思う。個人的野心で、東京の政治エリート(国会議員、官僚)や米国におもねる発言をする沖縄選出の国会議員が出てくると、沖縄の利益を毀損《きそん》するだけでなく、日本国家を弱体化する。

脱原発と沖縄

共通する構造的差別

（2011年7月16日）

13日の記者会見で、菅直人首相は、「計画的、段階的に原発依存度を下げ、将来は原発がなくてもやっていける社会を実現していく」と表明した。14日付全国紙の朝刊は、いずれも1面トップでこのニュースを扱っている。全国紙の報道では、菅首相の発言について「思いつきだ」「近く辞任することが決まっている人が言うべき話ではない」という批判的コメントが多い。しかし、この種のコメントに対して筆者は違和感をもっている。筆者は、毎月第1週、第3週の木曜日にニッポン放送、金曜日に文化放送のラジオにコメンテーターとして出演している。そのときにリスナーから寄せられるメールやファクスに注意深く目を通している。13日の脱原発に関する菅発言について、大多数のリスナーは好意的だ。

政治家の人気が極度に低下すると、国民に生理的嫌悪を呼び起こす。わかりやすい表現をすると、嫌な政治家が出てくると、視聴者がテレビのスイッチを変えてしまうのである。森喜朗首相の末期、疑惑が頂点に達したときの鈴木宗男衆議院議員がまさにそのような国民の生理的嫌悪の対象になった。現時点で、永田町（政界）と霞が関（官界）の住民と政治部の記者たちは、菅首相に対して生理的嫌悪感を抱いている。しかし、普通の国民は、政治のプロたちが持つような嫌悪感を菅首相に対して抱いていない。なぜなのだろうか？

筆者の見立てでは、脱原発が「国民の物語」になっているからだ。菅首相が、原発の是非を争点にして解散総選挙を行うのではないかという憶測が、永田町では今も消えない。仮に総選挙が行われることになったとしても、原発の是非は争点にならないと筆者は見ている。なぜなら民主党、自民党を含むすべての政党が脱原発路線を取るからだ。もちろん産業界、官僚の本音は原発容認だ。しかし、政治家は選挙に当選しなくてはならない。そうすると、腹の中では原発推進を考えている国会議員でも、選挙のときは「段階的に原発依存度を下げ、脱原発を目ざす」と言わなくては当選しない。従って、「どのような脱原発が現実的か」という論争にしかならないのである。こういう構図では、国論が二分されることはない。

この脱原発議論が沖縄にも影響を与えうる。電力会社は地域独占企業だ。わが国の10電力会社のうち、沖縄電力だけが原発を持っていない。原発が存在しないのだから、脱原発という課題も存在しないのである。原発問題の本質は、国家全体の利益のためという名目で、特定の地域に過重な危険を負担させる構造化された政治的差別にある。ただし、この指摘をする論壇人はほとんどいない。原発をめぐる構造的差別に気づく人が増えれば、そこから普天間問題に関する理解が深まる可能性がある。

「普天間固定化阻止」の罠

「県内容認」と誤解の危険

（2012年2月18日）

12日に行われた宜野湾市長選挙では、佐喜真淳氏が当選した。米海兵隊普天間飛行場の移設先について、佐喜真氏が県外を主張しているにもかかわらず、東京の政治エリート（国会議員、官僚）の一部には、宜野湾市長選挙の結果を受けて、普天間固定化を阻止するという観点から沖縄が辺野古移設容認に傾くのではないかという期待感がある。筆者は、このような期待を述べる国会議員、記者に対して、「そのシナリオは絶対にありません。辺野古移設を容認することは、沖縄に対する構造的差別を維持、拡大することになります」と答えている。そうすると「佐藤さんが言うような原理主義的対応を取ると普天間固定化になるのではないですか」という反論を必ず受ける。これに対して筆者は、少し声を荒げ「あなたは沖縄をずいぶん軽く見ているね。普天間固定化を許すほど沖縄は甘くない。だいたい沖縄にとって死活的な問題を決めるのは沖縄人だ。僕も母が沖縄出身なので、沖縄人という自己意識を持っている。普天間固定化とは、母の故郷に対する差別を固定化するということだ。どんな理屈をつけてきても、それは絶対に認められない」と答える。その後、何とも表現できないような悲しい気持ちになる。いったいこの人たちは、われわれ沖縄人を同胞とみなしているのだろうかという根源的疑念が生まれてくるからだ。

文化人類学（民族学）に遠隔地ナショナリズムという概念がある。実際に生活したことがない自分の祖先が生まれた土地や文化に対する愛着は観念的になり、急進的になりやすい。米国のアイルランド系、ユダヤ系、カナダのウクライナ系などの例が遠隔地ナショナリズムの典型としてあげられる。それと類比的現象が、現在、沖縄に関しても世界的規模で広がっている。東京の政治エリートの沖縄差別に対する鈍感さが、われわれの遠隔地ナショナリズムを刺激するのだ。「実は私も沖縄系です。沖縄のために何かしたいです」という連絡が県外の各地から入ってくる。それに対して、筆者は、「真理は具体的だ。いま重要なのは『普天間固定化阻止』というスローガンの罠《わな》に足をすくわれないようにすることだ。普天間固定化阻止というスローガンを掲げると、辺野古以外の県内移設というシナリオがあるという誤ったシグナルを東京の政治エリートとアメリカに送ることになる。普天間問題は、沖縄に対する構造的差別を是認するか、脱構築するかの試金石で、沖縄の名誉と尊厳のすべてがかかっている。既に沖縄は、差別について堂々と語れるほど強くなっている。差別者に負けてはならない。そのためには県外移設を、われわれ県外に在住する沖縄人を含め、すべての沖縄人が一丸となって主張することだ」と答えている。

既視感

リトアニア独立に酷似

（2012年3月3日）

2月26～27日、野田佳彦首相が来県したときに、筆者も那覇（26日）と久米島（27日）に滞在していた。そのため、野田首相の訪問に対する県民の反応を皮膚感覚で知ることができた。この状況に筆者は既視感を覚えた。

1990年1月11日にゴルバチョフ・ソ連共産党書記長（当時）がリトアニア共和国を訪問したときのことだ。リトアニア共和国の幹部は、ゴルバチョフを礼儀正しく迎えた。しかし、リトアニアの人々は「いったい何をしにきたのだ」と実に冷ややかな受け止めをした。当時、ゴルバチョフがペレストロイカ（立て直し）政策を進め、デモクラツィザツィヤ（民主化）とグラースノスチ（公開制）が推進されていた。その過程で、沿バルト3国（リトアニア、ラトビア、エストニア）が、スターリンとヒトラーの密約によって、ソ連によって強制的に併合されたという史実が明らかになった。

沿バルト3国のソ連併合を定めた独ソ不可侵条約附属秘密議定書の存在を明らかにせよというのがリトアニアの総意だったが、ゴルバチョフは「そのような文書は存在しない。さまざまな問題はあったが、リトアニアは自発的にソ連に参加した」と主張した（結局、この文書はソ連崩壊後、ゴルバチョフの金庫から出てきた）。リトアニア人は、不誠実だと腹を立てた。それとともに、ソ連に併合された後、ロシア語の公用語化、ソ連軍の駐留、カトリック教会に対する弾圧政策が、モスクワの中央政府によるリトアニア人に対する差別構造をつくり出していると異議申し立て運動を展開した。

ゴルバチョフは、ソ連体制を抜本的に改革する必要は認めたが、ソ連は諸民族の平等という原則に基づいてつくられた国家なので、モスクワの中央政府によるリトアニア差別は存在しないと主張した。リトアニア人は、ソ連体制内にとどまっていては、リトアニア人の名誉と尊厳を維持することができないと考えるようになり、ペレストロイカを支持する住民運動は、徐々にリトアニアのソ連からの分離独立を志向するようになった。ゴルバチョフがリトアニアを訪問したちょうど1年後、1991年1月13日にソ連軍がリトアニアに対する武力鎮圧を行い死傷者が発生した（「ビリニュス血の日曜日」事件）。その後、ソ連は崩壊の道を進んでいくことになった。

今回の沖縄訪問において、野田首相は普天間問題に関して、矛盾する発言を行った。第一は普天間固定化の阻止だ。第二は日米合意の履行、すなわち辺野古移設だ。野田首相が、日本の国家統合を維持しようと真摯《しんし》に考えるならば、普天間飛行場を県外に移設するという決断を行い、普天間固定化を阻止することだ。1990年1月の時点で、ゴルバチョフがリトアニア人の声に真摯に耳を傾け、中央政府の差別政策を是正していれば、リトアニアがソ連にとどまる可能性は十分あった。沖縄に対する構造的差別の是正という視座に立つならば、普天間問題の軟着陸シナリオはおのずから見えてくる。県外移設以外の選択肢はない。

腹が立つ

「岩国拒否」の差別性

（2012年3月17日）

実に腹立たしいことがある。3月15日の本紙ホームページに掲載された以下のニュースだ。

〈在日米軍再編見直しをめぐり、米側が在沖縄海兵隊約1500人の米軍岩国基地（山口県岩国市）への移転を断念し、沖縄での駐留継続を日本側に提案していたことが14日、分かった。日米関係筋が明らかにした。／12、13日にワシントンで開かれた両政府の外務・防衛当局による審議官級協議で提案された。沖縄駐留継続については、日本側が難色を示したため協議は平行線に終わり、結論は次回協議に持ち越した。／米側はこれまで2度にわたり岩国への移転を打診したが、日本側が山口県や岩国市の反発を理由に拒否したため断念。第1海兵航空団司令部約1500人の沖縄残留へ方針を転換した。〉

米国側が、2度にわたり在沖米海兵隊の岩国への移転を打診したにもかかわらず、日本の外務官僚と防衛官僚が、即座に拒否した。腹が立つのは、民主主義をその理由にしていることだ。地元の反対を理由に米海兵隊を拒否するならば、その論理は沖縄においても平等に適用されなくてはならない。そういう発想が、外務官僚、防衛官僚の姿勢には小指の先ほども感じられない。「奴《やっ》ら」（沖縄の側に立っていないという意味だけでなく、日本国憲法で定められた国民主権にも立っていないという二重の意味で、われわれの側でないので、あえて「奴ら」という言葉を使わせていただく）が展開しているのは、「日本は民主主義国である。ただし、沖縄県を除く」という言説だ。これは差別言説以外の何ものでもない。

普天間問題の本質は、東京の政治エリート（国会議員、官僚）による沖縄に対する構造的差別だ。そう言えば、田中聡前沖縄防衛局長は、更迭の原因になった昨年11月28日の懇談で「（2012年）7月までに名護市辺野古への移設が進展しなければ移設は駄目になるというのが防衛省審議官級の認識」というような発言をしていたことを思い出した。田中氏は、来県し、謝罪するはずだった。防衛省にその約束を果たしてもらおうではないか。田中氏に、公開の席で、沖縄に対する構造的差別に対する認識を問い質《ただ》そうではないか。

外務官僚にも聞かなくてはならないことがある。琉球王国が国際法の主体として締結した琉米修好条約、琉仏修好条約、琉蘭通好条約の三つの国際条約の原本がどうして、東京都港区麻布台の外務省大臣官房総務課外交史料館にあるのかについての釈明だ。そうすれば東京の政治エリートの沖縄に対する差別と暴力の歴史が明らかになる。沖縄に対する差別感情に基づく「奴ら」の外交交渉を阻止するために筆者は全力を尽くす。

サンフランシスコ講和条約

構造的差別の起源

（2012年4月14日）

1951年9月8日、米国サンフランシスコで署名された「日本国との平和条約」（サンフランシスコ講和条約）は、同年11月18日に国会で批准され、同28日に批准書の寄託手続きを終えた。批准書の寄託から5カ月後の1952年4月28日にこの条約は発効した。今年、

2012年4月28日は、日本国が主権を回復した日であるということになっているが、筆者は沖縄に対する差別が構造化した日であると認識している。

ところで、古典ギリシア語の時間をあらわす言葉に2つの種類がある。通常の流れていく時間がクロノス（それだから年表を英語でクロノロジーという）であるのに対し、ある出来事が起きる前と後で、時間が質的に異なってくる転換点を指す時間を古典ギリシア語でカイロスという。英語では、タイミングと訳される。1952年4月28日が、日本の中央政府にとっても沖縄にとってもカイロスである。中央政府にとって、このカイロスは主権を回復した喜びを伴う。しかし、沖縄にとっては、中央政府が同胞である沖縄人を切り捨てた屈辱を伴うカイロスだ。サンフランシスコ講和条約第3条（信託統治）には、以下の規定がなされている。

〈日本国は、北緯二十九度以南の南西諸島（琉球諸島及び大東諸島を含む。）、孀婦岩《そうふ》の南の南方諸島（小笠原群島、西ノ島及び火山列島を含む。）並びに沖の鳥島及び南鳥島を合衆国を唯一の施政権者とする信託統治制度の下におくこととする国際連合に対する合衆国のいかなる提案にも同意する。このような提案が行われ且つ可決されるまで、合衆国は、領水を含むこれらの諸島の領域及び住民に対して、行政、立法及び司法上の権力の全部及び一部を行使する権利を有するものとする。〉

サンフランシスコ講和条約によって、沖縄は、日本国憲法の体制下から切り離された。この痛み、悲しみ、屈辱を東京の政治エリート（国会議員、官僚）に、主権回復60周年を機会に追体験させなくてはならない。日本の陸地面積の0・6％を占めるにすぎない沖縄県に、在日米軍専用施設の74％が所在しているという構造的差別が今日まで改められていない。その起源の一つが、同胞である沖縄人を、日本全体の利益という口実で切り捨てた1952年4月28日にあるのだということを、あの人たち（東京の政治エリートとマスコミ関係者）に忘れさせないようにするために筆者も努力する。

（2012年5月12日）

外務官僚の本音

差別の代償としての振興策

東京の月刊誌や週刊誌が沖縄復帰40年特集を組んでいる。その中で『世界』6月号に掲載された山田文比古東京外国語大学教授の「沖縄『問題』の深淵　むきだしになった差別性」が最も印象に残った。山田氏は2008年から人事交流で東京外国語大学に出向していたが、今年、約30年勤務した外務省を中途退職し、同大教授に就任した。山田氏は、1997〜2000年に外務省から沖縄県庁に出向し、知事公室参事、沖縄県サミット推進事務局長をつとめた。「沖縄対策」を担当した山田氏が、在沖米軍基地の現状についてこう述べる。

〈日本の安全保障上、米軍の日本駐留が必要ということであれば、そのコストは日本国民が等しく負担すべきなのに、国土面積の0・6％を占めるにすぎない沖縄県に、在日米軍専用施設の74％が集中し、沖縄ばかりが負担させられているのは、沖縄に対する差別であるという主張は、実際に沖縄に行って、基地の現状を見てみれば誰しもが納得するところであろう。こうした考え方は今や沖縄全体の総意と言ってよい。／もちろん、こうした差別は今になって始まったものではない。しかし、それに対する受け止め方には、県内で温度差があった。これまで、差別そのものをなくすものではないが、差別性を少しでも薄めるため、いわば差別の代償として、自民党時代の歴代政府の手によって次々と沖縄振興策が打ち出されてきたが、それによって沖縄に経済発展がもたらされ、県民の生活が豊かになることをよしとする宥和《ゆうわ》派の勢力が沖縄に存在していたために、差別性がむき出しになり問題が悪化することが抑制されてきたのである。〉

沖縄振興策の目的が「差別の代償」として米軍基地の受け入れを容認する宥和派を育成するためであったという認識を「沖縄対策」担当官であった山田氏がはっきり述べたことの意味は大きい。さらにこの手法がもはや通用しないと山田氏は指摘する。

〈こうしたいわば物理的手法は、もはや破綻してしまった。なぜなら、その受け皿となってきた宥和派が、差別を経済的発展によって代替するという手法を正当化できなくなったからである。鳩山元首相が基地問題への対応にあたり理想主義的なアプローチを取ったことが、現実主義的な宥和派の存在基盤を突き崩してしまった。いまや沖縄県民は、保守・革新を問わず、差別に対する認識で広く一致し、基地負担の代償として、振興策を受け取るということの欺瞞《ぎまん》性に耐えきれなくなっている。沖縄県民の意識には、ある意味では化学変化のようなものが起きてしまったと言える。それに対して、これまでのように、巨額のカネを投入して物理的変化を促そうとしても効果はないと考えるべきである。〉

山田氏は沖縄の側に立って、政府を批判しているのではない。外務官僚が諸外国の情勢を分析するときの手法で、冷静に対象としての沖縄を観察し、情勢を客観的に分析しているのだ。竹内春久沖縄大使をはじめとする外務省沖縄事務所に勤務する外務官僚も、山田氏と同じ認識を抱いているはずだ。つまり沖縄県民の意識に「化学変化」が生じ、米海兵隊普天間飛行場の辺野古移設が不可能であることを十分認識しているはずだ。それだから辺野古移設案が「自然死」し、普天間固定化で問題を先送りしようとしているのであろう。復帰40年を機に、保守、革新の壁を克服し、沖縄の力で構造的差別を脱構築する決意を新たにしようではないか。辺野古移設も、普天間固定化も断じて許してはならない。

鳩山証言の重要性

官僚の売国行為実証

（2012年5月19日）

16日付本紙に掲載された鳩山由紀夫元首相のインタビュー（15日実施）は、歴史的にも、また今後の普天間問題の帰趨《きすう》にも大きな影響を与えうる重要な証言だ。

松元剛本紙政治部長の「県外移設を掲げたことはどう振り返るか」という質問に対して、鳩山氏は、「県外移設を掲げたのは当然のことだ。期待を掛けた県民に応えられず、大変申し訳なく思っている」と答えた。さらに、「県外移設が実現できなかった最大の要因は」という質問に対して、鳩山氏は、「防衛、外務官僚はいかに辺野古に戻すかに腐心していた。県外移設はおかしいと、むしろ米側を通して辺野古でないと駄目だという理屈を導いたようだ。政治主導で、オバマ大統領との直接対話など、官僚を飛び越えた議論ができなかった。私の力量不足だった」と答えた。

外務、防衛官僚の最高指揮命令権者は首相だ。首相が、県外移設という意思を表明しているにもかかわらず、その部下である外務、防衛官僚が、外国当局とつながり、辺野古移設に回帰すべく画策したというのが、下克上であるのみならず売国行為でもある。鳩山氏は、「政治主導で、オバマ大統領との直接対話など、官僚を飛び越えた議論ができなかった」と述べるが、首相と米国大統領のアポイントを取り付け、会談の準備をするのは外務省だ。外務官僚がサボタージュをするならば、政治主導で問題解決をすることが著しく困難になる。鳩山氏から追加インタビューを行い、いつ、どのような状況で、外務、防衛官僚の誰が辺野古に戻すべく腐心したかについて、実名をあげ、具体的出来事について明らかにすることが重要だ。このとき画策をした官僚が、現在も沖縄問題に関与している可能性が高い。沖縄の力を結集し、そのような官僚を封じ込めることが、辺野古移設、普天間固定化を阻止する上で大きな効果をあげる。

鳩山氏は、沖縄への米軍基地の集中について、「まさに不平等だ。ただ、本土では3人に1人しか不平等と思っていない。大きな意識の差がある。沖縄の人たちが差別されていると思うのは当然だ」と述べた。この認識を東京の政治エリート（国会議員、官僚）、報道関係者に共有させることが重要だ。筆者も全力を尽くす。

鳩山氏は、メディアに応じて発言を変える人ではない。本紙以外の、全国紙が松元部長と同じ質問をしたならば、鳩山氏は外務、防衛官僚の下克上について、また沖縄人が「差別されていると思うのは当然だ」という回答をしたはずだ。なぜ、全国紙はこのような質問を鳩山氏にしなかったのか。まさに構造的差別の中に東京のマスメディアが組み込まれているので、鳩山氏に聞くべき事柄が思い浮かばなかったのである。

「甘やかすな」キャンペーン

新たな沖縄差別　警戒せよ

（2012年6月16日）

県議会選挙で知事与党は改選前と同じ21議席にとどまった。11日付本紙によると、〈防衛省幹部は「1人でも多くの保守系候補に当選してほしかった。そうすれば知事が辺野古移設を再び容認する政策に転換したとき、知事を支える環境が整う。しかし、野党多数の状況では簡単には進まない」と述べた〉ということだ。沖縄の民意が明確に普天間飛行場の県外移設を要求しているにもかかわらず、官僚が沖縄の選挙に介入し、与党を多数派にし、仲井真弘多知事が辺野古移設を受け入れる環境を整えるという発想自体が差別的だ。植民地に対する宗主国の官僚のまなざしである。

県議会選挙の結果、東京の政治エリート（国会議員、官僚）にも辺野古移設が不可能であることが明白になった。特に外務官僚は、沖縄には辺野古移設を阻止する力は十分にあるが、普天間基地への固定化を阻止するほどの力はないと見ている。そして、辺野古移設を容認しない仲井真知事と県議会に全責任を転嫁し、結果として普天間固定化が続くというシナリオを描く。今後、この流れに防衛官僚と一部の政治家が加わってくるであろう。ただし、この流れを実現するためには、沖縄をたたく材料が必要になる。そこで出てくるのが、「基地受け入れの見返りに沖縄は補助金漬けで、甘やかされている」という沖縄に対する差別的キャンペーンだ。この種のキャンペーンは、現象の一部を取り上げ、プリズムで拡大して行われるので、一見、客観的で説得力があるように見える。筆者が懸念するのは、最近、東京で一部の週刊誌が取り上げ始めた識名トンネルをめぐる法令違反事案だ。6月14日発売の『週刊文春』は本件に関する特集記事を掲載し、〈沖縄県の道路工事は、本土復帰以来続く優遇措置で国の補助率は九五%と抜群に手厚い。識名トンネルの工事にも国は補助金を出しており、県にだまされた形の国は激怒した。「虚偽の契約書を五億円分も作成して補助金を受け取るなんて、まるで昭和時代の手法。こんなことが罷《まか》り通ると考えていたことが許せません」〈（政府関係者）〉と県の対応を厳しく指弾する。この記事に出てくる匿名の政府関係者が描いているのは、県が加害者で全国の納税者が被害者であるという構図だ。

識名トンネルをめぐっては会計検査院が問題を指摘している。県はその指摘を真摯《しんし》に受け止め、説明責任を果たさなくてはならない。そのことと一部の政府関係者、記者が展開する米軍基地を受け入れているが故に沖縄は過剰に優遇されているという差別的言説は、位相を全く異にする問題だ。差別が構造化している場合、差別をしている側は、自らは差別者であると自覚していないのが通例だ。そのような差別的視座に立つ者が、今後、識名トンネル事案を最大限に活用し、沖縄に対する経済的圧力を強めるとともに、この事案を取引材料としてオスプレイ受け入れ、普天間固定化を県に迫ることを筆者は恐れる。

「苦難の共同体」沖縄、再認識を

「国際法の主体」回復へ

（2012年8月4日）

東京の政治エリート（国会議員、官僚）は、MV22オスプレイの米海兵隊普天間飛行場への配備になぜ沖縄が反発しているかを理解していない。それだから、オスプレイの訓練拠点を伊江島や粟国島に移転すれば、県内の反発を緩和することができるという頓珍漢《とんちんかん》な思い違いをしている。2日付産経新聞は、〈米海兵隊の垂直離着陸輸送機MV22オスプレイが米軍普天間飛行場に配備されることに伴い、政府がオスプレイの訓練拠点について沖縄本島に近い離島への分散を検討していることが1日、分かった。伊江島（伊江村）と粟国島（粟国村）が浮上している。住宅地がある普天間周辺の危険性を低減させる必要があるうえ、普天間飛行場の同県名護市辺野古への移設には実現まで最短で5年かかるためだ〉と報じた。辺野古移設、オスプレイ県内配備、またオスプレイ訓練拠点の伊江島、粟国島への分散案も、いずれも構造的な沖縄差別に基づくものだ。

「オスプレイが危険である」という一般論ではなく、その危険な飛行機を沖縄に配備することに対して、痛みを感じない「あの人たち」に沖縄にとって死活的に重要な事項を決めさせてはならないという、当たり前のことを実現するために県民大会が行われるのだ。筆者の本籍地も現住所も東京都にあるが、県民大会に参加する。それは筆者が沖縄人という自己意識を持っているからだ。より正確に言うと、このオスプレイ騒動を通じて、筆者の沖縄人としての自己意識と沖縄に対する愛、そして日本の現状に対する危機意識がかつてなく高まっているので、身体が自然に宜野湾海浜公園に向かうのである。筆者の理解では、県民大会は生者だけのものではない。死者になったわれわれの祖先の魂も宜野湾海浜公園に降りてくる。県民大会は、MV22オスプレイ県内配備阻止という民意を政治的に表明するだけの場ではない。県民大会は、沖縄人の結束を可視化し、われわれの同胞意識を再確認し、強化するための重要な場でもある。そのときわれわれは、沖縄戦、琉球処分、琉日戦争（薩摩の琉球入り）を経験した死者たちと対話し、「苦難の共同体」としての沖縄を再確認するのだ。

筆者は、オスプレイ問題、普天間問題について、日米両国政府は、最終的に沖縄の意志に反する措置を取れないと見ている。それは沖縄が既に外交権の一部を取り戻し始めているからだ。筆者は、日本の外交官だった。宜野湾海浜公園では、琉球王国の外交官たちに思いを馳《は》せたい。琉球王国は、1854年の琉米修好条約、1855年の琉仏修好条約、1859年の琉蘭修好条約という三つの国際条約によって、当時の帝国主義列強から国際法の主体として認知されていた。琉球処分によって日本に併合された後も、「沖縄人である」というわれわれの自己意識が失われることはなかった。県民大会は、沖縄が再び国際法の主体としての地位を取り戻しつつあることを世界（とりわけ米国）に対して示す重要な場になる。

（2012年10月20日）

知事の国連総会演説を

斬新な対応が突破口に

16日発生した2人の米兵による集団女性暴行事件に対する外務省の対応は鈍く、かつ不誠実だ。初動の対応を見れば、外務省が本件に関してどのような認識を持っているかがわかる。〈外務省は事件発覚即日、吉良州司外務副大臣がルース米大使に強い遺憾の意を表明、再発防止を求めるなど素早い対応をした。同省幹部は「本来なら起訴された後に米政府には要請するが、今回は悪質な事件なので要請した」と述べ、異例な要請であることを強調した〉（**17日付琉球新報**）ということだが、このような小手先の対応が通用すると考える外務省は危機の本質を理解していないし、沖縄の力を過小評価している。外務官僚が事態をほんとうに悪質と考えているならば、フランス訪問中の玄葉光一郎外相からクリントン米国務長官に電話で抗議を申し入れさせたはずだ。クリントン長官は、軍人による女性暴行のような人権侵害事件に対して厳しい対応をとる。もちろん外務官僚はこのことをよくわかっている。それだから、初動段階で問題を米国の出先機関の責任者であるルース駐日大使レベルにとどめ、「不良軍人の不祥事」に矮小化《わいしょう》し、政治問題化を防ぐことに外務官僚は腐心しているのだ。

沖縄の利益のためには、外務省が行っているのと逆のベクトルで、この事件に対処する必要があると思う。沖縄国際大学の佐藤学教授は、「知事訪米という大きな機会がある。知事は沖縄の人権が、国民としての権利がどれほど踏みにじられているかを直接伝えるべきだ。沖縄の訴えは人権問題で、公民権の問題なのだと主張するべきだ。原理原則としての民主主義であり、人権の話だと」（17日付本紙、識者談話）と述べるが、全面的に賛成だ。仲井真弘多知事が米国のクリントン国務長官、パネッタ国防長官への面会を申し入れる。外務官僚、防衛官僚は、知事と両長官の面会が成立しないように画策するであろうが、面会を申し入れること自体によって、沖縄が人権感覚と当事者意識を欠いた日本の中央政府ではなく、米国政府と直接話し合わなければならないという認識と外交戦略を持っていることが伝わる。

さらにニューヨークの国連総会第3委員会（人権）で、知事が沖縄における人権侵害というテーマで演説をし、国際世論に対して、「日本の陸地面積の0・6％を占めるにすぎない沖縄県に在日米軍専用施設の74％が所在している。県民の受忍限度をはるかに超えた状況を東京の中央政府も米国政府も是正しようとしない。そのような状況で、民主的手続きによって選出された沖縄の知事、県議会議員全員、全市長村議長が受け入れに反対している米軍の新型輸送機MV22オスプレイの配備が強行され、そして今回の集団女性暴行事件が起きた。沖縄における人権侵害の是正、民主主義原則の尊重に関して、国連総会による日米両国政府に対する勧告を求める」と訴えれば、大きな政治的効果が期待できる。

率直に言って、東京の政治エリート（国会議員、官僚）には、沖縄人の人権を守らなくてはならないという当事者意識も知恵もない。沖縄人の団結と知恵によって、従来の鋳型にとらわれない対応を仲井真知事が取ることによって突破口が開ける。

翁長那覇市長の英断

琉球語回復に大きな意味

（2012年10月27日）

日本国家という名の家族について考えてみよう。この家族は、1都、1道、2府、43県の47人によって構成されている。このうち沖縄県という末っ子がいる。かつてこの家族は、町内のほとんどすべての家と大喧嘩《おおげんか》をして負けたことがある。その後、末っ子は、一時期、戦勝国に預けられた。アメリカは、末っ子を戦利品とみなしていた。確かに、食事は与えられ、学校にも通わせてくれた。アメリカの家訓は「民主主義」であったが、家庭内暴力が激しく、末っ子は理由もなく、殴られ、蹴られた。これじゃかなわないので、日本に戻ることにした。

以前、大喧嘩をしたときの日本の家訓は「軍国主義」だったが、喧嘩《けんか》に負けた後は、アメリカと同じ「民主主義」を採用した。しかし、家族のメンバーに適用されるこの「民主主義」という家訓についても、末っ子に関しては、「例外扱い」とされた。末っ子にだけ、「この家を守ることはたいせつだから、雨の日も風の日も、毎日、夜間の巡回をしろ」と家族は押しつける。そのうち、「巡回に便利だから、君は庭に住め」と言われた。空には、いつ末っ子を襲ってくるかわからない猛禽類《もうきんるい》のミサゴ（鷹《たか》の一種で英語でオスプレイと言う）が飛んでいる。さらに、庭には戦勝国が放し飼いにしているどう猛な犬が入ってきて、末っ子に襲いかかってくる。

こんな状態にはもう我慢できない。客観的に判断して、この家族は、末っ子を家族の一員とみなしていない。それならば、こういう恐ろしい家族からは離脱して、小さくてもいいので、自分の家を構えるしかない。こういう事態が進行していることが、構造化された沖縄差別に麻痺《まひ》している東京の政治エリート（国会議員、官僚）には、まったく見えないようだ。

第三者的に見た場合、沖縄で進捗《しんちょく》している事態は、民族紛争の初期段階である。ここで重要なのは、失われかけている独自言語を回復することだ。この観点で、翁長雄志那覇市長が、本年度の那覇市職員採用試験に琉球語（ウチナーグチ）のあいさつを取り入れたことは、快挙だ。22日付本紙は、〈市によると職員採用試験の面接に〝お国言葉〟を導入するのは全国的にも異例で、県内では初めて。市文化協会などとの意見交換でウチナーグチを採用試験に導入するよう求める声があった。それを踏まえ翁長市長が検討を指示していた。／市は1次試験通過者に送付する通知書に、面接でウチナーグチでの自己紹介を求める文書を同封する。「ハイサイグスーヨーチューウガナビラ」（皆さんこんにちは）「ニフェーデービル」（ありがとうございます）など例文を掲載し、ウチナーグチに不慣れな人でも対応できるようにする。〉と報じる。

ＭＶ22オスプレイの県からの撤去、日米地位協定の抜本的改定、米海兵隊普天間飛行場の辺野古移設阻止などの焦眉《しょうび》の課題を実現するためにも、実は琉球語を回復するという動きを沖縄が示すことがとても大きな意味を持つ。それは、共通の歴史の記憶を呼び起こすからだ。是非《ぜひ》この動きを県がはじめとするすべての行政機関の採用試験に拡大してほしい。文化によって、政治を包み込んでいくことで、東京の中央政府と米国政府に対する沖縄の交渉力が数倍強化される。翁長市長の英断に心の底から敬意を表する。

県議会で公聴会を

沖縄の主権　世界に訴えよ

（2012年11月10日）

国会議員は、与党も野党も当事者にとっては深刻なのであろうが、日本国家、日本国民の利益とまったく関係のない権力闘争に明け暮れている。国会議員がいくらだらしなくても、選挙で当選しなくては権力を行使することができない。これに対して、選抜試験（国家公務員試験や司法試験）に合格して権力を行使する立場を得た官僚を国民が選挙によって排除することはできない。県民の総意に反してMV22オスプレイが普天間飛行場に強行配備されたのも、米兵2人による集団女性暴行致傷事件や別の米兵による住居侵入・傷害事件が発生したにもかかわらず、日米地位協定の抜本改定に中央政府が着手しないのも、外務官僚、防衛官僚が徹底的なサボタージュを行っているからだ。

1年以内に衆議院の解散総選挙がある。その結果できる中央政府の沖縄政策が、現在よりも沖縄の民意に近づく可能性は皆無と筆者は見ている。どのような中央政府が構成されようとも、「あの人たち」が沖縄にとって死活的に重要な事項を一方的に決定することができないような仕込みを今のうちに行っておく必要があると思う。

そのために有効なのが県議会による公聴会だ。その目的は沖縄に対する日本の中央政府と米国の構造的差別を言葉によって明らかにすることだ。当事者がどこまで意識しているかにかかわりなく、仲井真弘多知事を先頭に県幹部は、準国家の指導者として活動している。県議会も準国会として活動すると、沖縄の力が一層強化されると思う。県や県議会の代表者が東京に陳情に行くだけの一方通行を改め、東京の政治エリートを那覇に呼び出して、中央政府と沖縄の関係について、公聴会の場で問い質《ただ》してみると面白い。特に重要なのが鳩山由紀夫元首相だ。鳩山氏に米海兵隊普天間飛行場の県外移設がどのような経緯を経て、辺野古に回帰したかについて、詳細に問い質し、それを議事録に残しておく。

また、沖縄に対する構造的差別の脱構築に資する発言を行っている元米海兵隊員、日米両国の有識者を公述人として招き、県議会の議事録に記録を残しておく。さらに日米両国の歴史学者、国際法学者から1854年の琉米修好条約、1855年の琉仏修好条約、1859年の琉蘭修好条約で琉球王国が国際法の主体として認められていた事実についても公述してもらい記録に残しておく。そして、これらの記録を英訳し、県議会のホームページに掲載する。また公聴会の録画にもインターネットでアクセスできるようにする。もちろんその録画にも英語の字幕をつける。

このような積極的な活動を通じ、沖縄が主権を持つことを国際社会に訴えるのだ。歴史と国際世論を味方につけるという知恵を働かせれば、日本の総人口の1％強を占めるにすぎない沖縄が中央政府と対等の交渉を行うことができる。

東京大使

沖縄の主権回復可視化を

（2012年11月24日）

21日、鳩山由紀夫元首相が次期衆議院選挙に立候補せず、政界から引退するという意向を表明した。全国紙は、普天間問題をめぐって鳩山氏が迷走したことが、民主党が国民の信頼を失った原因であるという論評を繰り返している。この議論を裏返すならば、鳩山氏が自民党政権時代の米海兵隊普天間飛行場の辺野古移設方針を堅持していれば、民主党政権は国民の信頼を失わなかったということになる。まったくピントのずれた議論だ。日本の陸地面積の0・6％を占めるにすぎない沖縄県に在日米軍専用施設の74％が所在しているのは、明らかに不平等な状態だ。このような状態が固定化されているのは、中央政府による沖縄に対する構造的差別があるからだ。しかし、差別が構造化されていると、その現実が見えにくくなる。特に差別する側の人々は、自らが差別者であることを認識していないのが通例である。

鳩山氏が、「少なくとも県外」と主張したにもかかわらず、外務官僚、防衛官僚のサボタージュと誘導で辺野古に回帰したことによって、構造的差別が可視化された。そして、差別が可視化されたことに伴って、差別からの脱構築のシナリオを沖縄人は構築し始めた。最初の段階では、無意識であったが、徐々に沖縄の主権を回復することによってしか、構造的差別を脱構築できないという意識が沖縄人の魂をとらえた。その結果、沖縄はかつてなく強くなった。沖縄に対して差別的言動をしたケビン・メア米国務省日本部長、田中聡沖縄防衛局長は、いずれも更迭を余儀なくされた。米国と日本の高級官僚を排除する力を沖縄はつけた。辺野古移設の強行に中央政府が踏み切ることができないのも、沖縄が強いからだ。

ＭＶ22オスプレイの県内配備強行を突破口に、外務官僚、防衛官僚が巻き返しを図っているが、失敗するであろう。オスプレイの県内配備を撤回させ、日米地位協定の抜本的改定を日米両国政府が余儀なくされるような状況をつくり出す力を沖縄は持っている。ただし、この力はまだ潜在している。それを顕在化させることが焦眉の課題だ。そのために必要なのは、沖縄の主権回復に向けた象徴的行為だ。それほど遠くない過去に存在した琉球王国の記憶を沖縄人は持っている。そして、この琉球王国は、国際法の主体としての地位を持っていた。また、沖縄は、自らの言語（琉球語、ウチナーグチ）を持っている。沖縄人とは、沖縄共同体に自らのルーツがあるという自己意識を持つ人々によって構成されている。

しかし、沖縄は決して閉鎖された空間ではない。沖縄共同体の外部から、この共同体に参加する意思を持ち、この共同体のために具体的な行動をする人々も沖縄人として受け入れられる。ここで重要なのは、主権を回復するという意思を持つことだ。その意思を象徴的行動によって可視化する必要がある。外務省には沖縄大使がいる。外交の世界では、相互主義が原則だ。県の東京事務所長の名称を「東京大使」に変更する。また東京事務所を「沖縄県常設代表部」に改称する。このような改称によって、沖縄がすでに主権を回復し始めているという現実が可視化される。

集合的無意識

沈黙という形の差別

（2012年12月1日）

日本の国内政局が大きく混乱するときには、その背景に国際変動がある。現下政局の混乱は、16日に行われる衆議院議員選挙（総選挙）後も収拾しないと思う。そもそも論からすれば、あってはならないことだが、最高裁判所が違憲であると認定した区割りで今回の総選挙は行われる。当然、選挙後、この選挙が違憲で無効であるとの訴えが起こされるであろう。

司法官僚は、自らが日本国家の番人であるという自負が強い。最高裁の判断を無視して行われた選挙に関して、今回は違憲だけでなく無効であるとの判断が下級審では示されるかもしれない。そうなれば立法権力の正統性をめぐる深刻な議論が起きる。

そして、国会で新しい選挙区割りを決定し、速やかに解散・総選挙が行われることになるかもしれない。この総選挙でも、まだ政局の混乱は収まらない。新しい政治秩序が生まれるまで、あと3回の総選挙が必要になると筆者は見ている。

日本の政局を混乱させている最大の国際変動は、中国の帝国主義化だ。それにともない日米中が勢力の均衡点を求めて外交ゲームを行っている。沖縄にとっては迷惑な話であるが、尖閣諸島の領有権、米海兵隊普天間飛行場の移設問題が外交的駆け引きの対象になっている。このような状況で、東京の政治エリート（国会議員、官僚）、マスメディア関係者が、普天間問題、MV22オスプレイ県内配備強行問題、日米地位協定改定問題について語らなくなっている。これは極めて危険な傾向だ。沈黙という形で、沖縄に対する構造的差別を継続していこうとする政治エリート、マスメディア関係者の集合的無意識が現れているからだ。あの人たちに、沖縄について語らせることが重要だ。

そして、政治エリートの言説に含まれる差別を指摘し、「あなたがそういう考えをしていても、われわれは受け入れない。沖縄の運命は、あなたたちではなく、私たち沖縄人が決める」と反撃する必要がある。

この観点で、27日、米国のワシントンで、佐々江賢一郎駐米大使が初めて行った記者会見の内容が興味深い。

〈(佐々江氏は) 米軍普天間飛行場移設問題について「現在の安全保障環境上、沖縄県内に移設することが抑止力の維持につながる。米政府や米議会と意思疎通を図りながら進めていきたい」と述べ、名護市辺野古への移設を進める考えを示した。

県が日米両政府に要請している日米地位協定の改定については「日本政府としては修正せずに対応するという立場だ」と述べ、改正に向けた米政府との協議に否定的な姿勢を示した。〉(**11月29日付本紙**)

佐々江氏は、沖縄の民意を無視し、普天間飛行場を県内に移設するという強い意志を表明している。さらに日米地位協定の改定については、全面拒否との姿勢だ。沖縄の民意と正面から対峙《たいじ》するという佐々江氏の発言は、今後、高くつくことになる。

総選挙後の沖縄の具体的闘争課題がはっきりした。佐々江発言の全面撤回を沖縄が「島ぐるみ」で要求することだ。

沖縄保守の真価

「あの人たち」を戸惑わせよ

（2012年12月22日）

16日の総選挙（衆議院議員選挙）では、県内4小選挙区中、自民党が3選挙区で勝利した。東京では、自民党の勝利によって、米海兵隊普天間飛行場の辺野古移設が実現可能になったという見方を示す国会議員、有識者、記者が増えている。こういう人たちは沖縄の実情を理解しようとしないし、沖縄の底力を過小評価している。18日、沖縄防衛局が辺野古への移設計画に関し、海の埋め立てや飛行場建設に必要なアセスメント（環境影響評価）に補正を加えた評価書を沖縄県庁などに搬入した。これで辺野古移設への環境評価手続きは、評価書の公告・縦覧を経て形式的には完了することになる。沖縄防衛局が県庁に提出を連絡したのは、搬入の5分前だった。政権交代のどさくさに紛れて、辺野古移設を既成事実化しようとする森本敏防衛相や防衛官僚の思惑が透けて見える。19日、稲嶺進・名護市長は、「『丁寧に説明し、沖縄の理解を得る』と言いながら、内閣が死に体状態の時期に事務的な手続きだからと提出することは、(沖縄への)差別そのものが行動で表されたと言わざるを得ない」(20日付本紙)と批判したが、その通りだ。

東京の政治エリート(国会議員、官僚)、記者で、「沖縄の保守派ならば、利益誘導と脅しを用いれば、辺野古移設を受け入れる。革新がゴネ、保守がカネをむしり取るというのが沖縄の連中の本質だ」などということを、筆者の前で平気で言う者がいる。そういうときは、「実は僕の母は沖縄人なんだ。今の君の話は聞き捨てならない。そういう見方が沖縄に対する差別なんだ」と必ず反論する。そうすると相手は、よほど酒が入っているのでない限り、沈黙する。あるいは、「僕の母の名字は上江洲という。僕が母の姓を名乗っていたら、君たちは今言ったような発言をするかな?」と問い質《ただ》す。こういうときは、酒が入っている場合を含め、相手は百パーセント沈黙する。さらに筆者は追い打ちをかけて、「君たちのその沈黙が、構造的差別なんだ。力を持つ者は都合が悪くなると巧みに沈黙という技法を用いる」と指摘する。

自民党政権下で「沖縄通」の連中が描く今後のシナリオは陳腐なものだ。次の名護市長選挙で、辺野古受け入れ容認派を当選させるべく画策する、この画策が成功すれば、自民党選出の国会議員も仲井真弘多知事も「苦渋の選択」として、辺野古移設を受け入れるというものだ。沖縄の保守を軽く見た話だ。保守とは、自らの伝統、生まれ育った地域にこだわる土着の思想だ。朝日新聞のインタビューに答え、翁長雄志那覇市長が、「よく聞かれるよ。自民党政権になっても辺野古移設に反対ですかって。反対に決まっている。オール日本が示す基地政策に、オール沖縄が最大公約数の部分でまとまり、対抗していく。これは自民政権だろうが何だろうが変わりませんね」（11月24日付朝日新聞デジタル）と述べている。インタビュアーの朝日新聞記者は、〈沖縄ではいま、保革を超えた沖縄ナショナリズムのうねりが起きている。翁長さんは、その先頭に立っている。沖縄に勤務する私も含めたヤマトンチュ（本土の人）と対抗するような「あんた方」という言いぶりに、戸惑いを覚える方もいるかもしれない。〉（同上）と感想を述べる。沖縄自民党は、日本の「あの人たち」を大いに戸惑わせることで、保守の真価を示してほしい。

（2013年1月12日）

民事ハンドブック

差別見抜いた米の記録

筆者の手元には母（2010年7月死去）の手記とロングインタビューの記録がある。「優君に時間ができたら、戦争でお母さんが経験したことをまとめてほしい」という母の遺言をできるだけ早く形にしたいのだが、なかなか作業が進まない。正月休みは、母のことを思いながら、沖縄戦に関する史料を読んでいた。そこで新しい発見があった。県は精力的に県史編纂を行っている。1965年から刊行が始まった旧『沖縄県史』（全23巻・別巻1）は1977年に完結した。筆者の本棚の中心を『沖縄県史』が占めている。さらに県は、1993年から新編集の『沖縄県史』を刊行し始め、この作業は現在も続いている。1995年に『沖縄県史　資料編1　民事ハンドブック』（発売元・那覇出版社）が刊行された。『琉球列島に関する民事ハンドブック』とは、米海軍省が1944年11月15日に刊行した部外秘の指定がなされた基礎資料だ。宮城悦二郎先生の改題によると〈編さんにあたったのは軍政将校に命令されたエール大学の人類学者・ジョージ・P・マードックほか、それぞれの知識をもった若い将校たちであった。〉**（解題3ページ）**ということだ。

インテリジェンス（特殊情報）の世界に「オシント（OSINT）」という業界用語がある。「公開情報インテリジェンス（Open Source Intelligence）」の略語で、新聞、雑誌、書籍、研究論文、政府の白書など、公開されている情報を分析して作成したインテリジェンスのことだ。オシントによって『民事ハンドブック』が作られた。『沖縄県史』では、『民事ハンドブック』の英文原本を復元するとともに日本語訳も作成している。住民の「民族的立場」に関する以下の記述が興味深い。

〈日本人と琉球島民との密着した民族関係や近似している言語にもかかわらず（142章参照）、島民は日本人から民族的に平等だとは見なされていない。琉球人は、その粗野な振る舞いから、いわば「田舎から出てきた貧乏な親戚」として扱われ、いろいろな方法で差別されている。一方、島民は劣等感など全く感じておらず、むしろ島の伝統と中国の積年にわたる文化的つながりに誇りを持っている。よって、琉球人と日本人との間に固有の性質は潜在的な不和の種であり、この中から政治的に利用できる要素をつくることが出来るかもしれない。島民の間で軍国主義や熱狂的な愛国主義はたとえあったとしても、わずかしか育っていない。〉（75ページ）

米軍は、沖縄戦の前に、入手できる公開情報を用いて、日本と沖縄の関係を徹底的に調査した。その結果、「島民は日本人から民族的に平等だとは見なされていない」「いろいろな方法で差別されている」という現実を見た。沖縄人は、自らの伝統に誇りを持ち、劣等感を全く感じていない。また、日本政府の軍国主義や熱狂的な愛国主義も、沖縄には定着していない。今から69年前、「敵としての沖縄」について米軍が作成したオシント文書の内容が古くなっていないことに、驚きと怒りを覚える。東京の中央政府の仕事は、沖縄に対する構造的差別を脱構築し、『民事ハンドブック』の記述が無効になる状況をつくり出すことだ。

国際世論に訴える

東京に頼らず沖縄の力で

（2013年3月2日）

アベノミクスによって、株価が上昇し、円安が進んでいる。国民の関心が経済問題に集まっている中で、米海兵隊普天間飛行場の辺野古移設を強行しても、日本全体の世論は反発せず、カネを渡せば沖縄も「苦渋の選択」を受け入れるという見通しを語る政治家や有識者、マスメディア関係者が増えてきた。

『世界』（岩波書店）3月号に掲載された毎日新聞の臺宏士記者の論文「沖縄の基地被害は『他人事』か　四一全市町村の訴えと本土の無関心」を読むと、沖縄と日本のマスメディアが既に別の情報空間で活動している実態がよく分かる。同じ英語を用い、ロンドン、ダブリン間は飛行機ならばわずか1時間10分で移動できるにもかかわらず、英国とアイルランドでは、新聞の論調がまったく異なるのと類比的な状況が既に沖縄と日本の間で生じている。臺氏の論文でもっとも価値があるのは、1月27日、東京の日比谷公園・野外音楽堂で行われた「オスプレイ配備に反対する沖縄県民大会実行委員会」が主催した「NO　OSPREY東京集会」において、臺氏自身が録音した翁長雄志那覇市長のスピーチの全文を文字に起こして掲載していることだ。臺氏は「翁長氏のスピーチには特に心を強く打たれた」と感想を記す。そして、この論文のまとめで臺氏はこう記す。〈もともと沖縄のメディアの、特に東京のメディアに向ける視線は、厳しい。たとえば沖縄タイムスは、昨年一二月二三日の社説で「日米の官僚、政治家、大手メディア一体の構造的差別が県外移設の壁となる現実」と指摘した。／「『最低でも県外』という気持ちを果たさなければ、皆さんの気持ちを十分理解したと言えない」と表明した、鳩山由紀夫元民主党代表を巡る評価が本土メディアと異なり、沖縄で高いのは、最終的には辺野古移設に回帰したと言っても県外移設を口にし、努力した唯一の首相であるからだ。歴代首相は沖縄の声を無視し続けた。／新聞は、少数意見を取り上げるのが得意なメディアではなかったのか。筆者自身を含めて報道人の良心とは何か。それが問われている。〉

結果から見れば鳩山氏も沖縄の声を無視した首相の1人である。しかし、その過程で、東京の政治エリート（国会議員、官僚）の沖縄に対する構造的差別が可視化された。特に鳩山氏は首相を退いた後、辺野古回帰の理由とされた抑止力が方便であるとの認識を示し、沖縄に基地を押しつける差別の構造を明らかにした意義を沖縄のメディアは等身大で評価しているにすぎない。さらに言えば、もはや東京の政治エリートや全国紙メディア関係者の良心で問題の突破口を開くことはできない。むしろ臺氏の論文で紹介されている去年9月27日に那覇市で行われたマスコミ倫理懇談会全国協議会の全国大会の内容が重要だ。〈富田詢一・琉球新報社長は大会の挨拶《あいさつ》の中で「沖縄の民意は『オスプレイも普天間の県内移設もだめ』と明らかだ。普天間の県内移設やオスプレイの配備を『第三の琉球処分』とする見方がある。琉球は日本でないと政府に言ってもらった方がいい。そうすれば政府に頼らないで国際世論に訴える」と述べた。発言の翌日（一二年九月二八日）の同紙社説の主見出しは「沖縄は植民地ではない」だった。〉東京の政治エリートや全国紙メディア関係者の良心に頼るのではなく、沖縄の力で国際世論に訴えることによって、構造的差別を脱構築することが現実的処方箋と思う。

仲井真発言の衝撃

初めて事態の深刻さ認識

（2013年3月23日）

19日、首相官邸で安倍晋三首相と全閣僚、仲井真弘多知事が出席する沖縄政策協議会（主宰・菅義偉官房長官）が開かれた。協議会の席で仲井真知事は、〈政府が1952年のサンフランシスコ講和条約発効を記念して4月28日に開く「主権回復の日」式典について、「沖縄にとっては（日本から）切り捨てられた日だ。われわれはちょっと考え方が違う」と開催に不満を示

した。〉（**20日付本紙**）

東京の情報空間では、「主権回復の日」式典に沖縄が忌避反応を示していることが、重要な事柄と認識されていない。「琉球新報と沖縄タイムスと左翼勢力が煽《あお》っているだけで、民意はこの問題にたいして関心を持っていないか、保守系の人々は内心では『主権回復の日』式典を歓迎しているのだが、同調圧力が強いので、公言できないのだろう」という頓珍漢《とんちんかん》な受け止めをしているマスメディア関係者や有識者が多い。そのため政治エリート（国会議員、官僚）が沖縄の反発を過小評価している。仲井真知事のこの発言を聞いて、協議会に出席した人々は、衝撃を受け、初めて事態の深刻さを認識したと思う。

〈協議会後、知事は記者団に対し「あそこで沖縄は切られ、主権回復どころか米軍の施政権下に放り込まれ、えらい苦労をさせられた。今の基地問題はみんなそこから来ており、61年がたってもほとんど変わっていない」と指摘した。

政府は、都道府県知事らも式典に招くとしているが、知事は「まだ詳細は分からないが、お祝いであるとすれば、何か出にくい。もろ手をあげてという心境にはならない」と話し、出席に消極的な姿勢を示した。〉（**前出本紙**）

恐らく仲井真知事のこの発言を聞いて、東京の政治エリート（国会議員、官僚）は「何と無礼な」と強い反発を感じていることと思う。筆者は元外務官僚だったので、外務省の連中が「確かにサンフランシスコ平和（講和）条約3条で、沖縄、奄美、小笠原は、米国の施政権下に置かれた。しかし、ダレス米国務長官（当時）は、沖縄に対する日本の潜在主権を口頭で確認したではないか。これが沖縄の本土復帰の第一歩になった。それに奄美が属する鹿児島県知事も小笠原が属する東京都知事も『主権回復の日』に反発していない。それなのに沖縄県知事だけが何だ」というような認識でいることが、容易に想像できる。もっとも、外務官僚は狡猾《こうかつ》なので、トラブルになる可能性があるので腹の中で思っていても口には出さない。

仮に沖縄の在日米軍基地負担が沖縄以外の日本と同じだったならば、沖縄も「主権回復の日」を過去の歴史として受け止めることができたかもしれない。しかし、1952年4月28日に生じた沖縄に対する法的、実態的差別は、構造化され、現在も続いている。MV22オスプレイの県内強行配備、米海兵隊普天間基地の辺野古移設計画などは、「主権回復の日」に始まった戦後の沖縄差別が現在も続いていることの証左である。

6月の母

深刻な沖縄戦の心の傷

（2013年6月22日）

19日本紙1面の〈心的外傷後ストレス障害（PTSD）を発症しているか、発症する可能性が高い深刻な心の傷（トラウマ）を、沖縄戦体験者の約4割が抱えていることが、沖縄戦トラウマ研究会（當山冨士子代表）の調査で分かった。同研究会は、沖縄戦の記憶に加え、戦後一貫して存在し続ける米軍基地や、そこから派生する事件事故の影響が、体験者の心に深い傷を与えていると分析している〉という記事を読んで、母のことを思い出した。

筆者は海がない埼玉県大宮市（現さいたま市北区）のテラス型団地で育った。しかし、筆者の心象風景には青い海の風景が焼きついている。物心のつかない頃から、筆者は母から久米島の海の話を聞かされたからだ。6月の梅雨の時期になると、母は心理的に不安定になった。14歳のときの沖縄戦の記憶が、連日の雨とともに蘇《よみがえ》ってくるのだ。

そして、「ママはこんな雨の中を、アメリカ軍の艦砲射撃を避けて逃げたんだ」と沖縄戦のときの話が始まる。自決用に手榴弾《しゅりゅうだん》を二つ渡されたとき、日本軍の下士官から「二つとも不発だったら舌を噛《か》んで死ぬんだ」と言われ、母は試しに歯で舌を噛《か》んでみたが、とても噛《か》み切れそうにはないと思ったという話を聞き、筆者は母がいなくなってしまうことを想像して泣き出した。筆者が6、7歳のころの出来事だったと思う。それから母は舌を噛《か》んで自決する話はしなくなった。

筆者が小学4年生のときの6月だった。パイナップルの缶詰を開けながら母は、突然、「人間には自分の死期が分かる」と言いだした。筆者と妹が「どうして」と尋ねると、母が軍属として勤務していた「石部隊」(陸軍第62師団)の一等兵が、壕《ごう》の中で突然「パイナップルの缶詰を食べたい」と言いだした。上官が「明日でいいだろう」と言っても引き下がらない。普段はおとなしい一等兵なのに執拗《しつよう》に「明日では遅い。どうせ死ぬんだから、今食べたい」と言う。上官も周囲も、「縁起の悪いことを言う」と心象を害し、あえてパイナップルの缶詰を開けなかった。その翌日は戦闘はなかったが、この一等兵だけが流れ弾に当たって死んだ。母はパイナップルの缶詰を見るたびに「あのとき缶を開けてやればよかった。後悔している」と言った。それから、「人間は腹に弾が当たり腸が飛び出しても2~3時間は生きている。最初の1時間くらいは意識もはっきりして話もできる。そういう兵隊たちから託《ことづ》かった伝言を遺族に伝えることができなかった。住所を書いた紙を米軍の捕虜になったときに取り上げられてしまったからだ。申し訳ない」と何度も述べていた。

6月になると母の記憶は、1945年に戻ってしまうようだった。そんな母の姿を見てきたから筆者は6月があまり好きでない。第三者的に見るならば、母は沖縄戦による深刻な心の傷を死ぬときまで抱えていた。

言語と政治

文化に政治包み込もう

（2013年9月21日）

18日、県主催初の「しまくとぅば県民大会」が行われた。沖縄の主権回復に向けた重要な一里塚になるこの行事に関する報道が、東京ではほとんどなされていない。独自言語の回復は、ナショナリズムが活性化する際の鍵になることは、民族学（文化人類学、社会人類学）の基礎的素養のある人ならば、誰でも分かることだが、東京の政治エリート（国会議員、官僚）は、事態の重要性に気付いていない。

仮に中央政府に対外インテリジェンス機関があり、民族問題の専門家を養成していたならば、さまざまな手段を用いて琉球語（しまくとぅば、ウチナーグチ、沖縄語）の公用語化を阻止する工作をしたと思う。

筆者自身、琉球語の学習は、２００９年、49歳のときに始めた。筆者の自己意識は、日本系沖縄人もしくは沖縄系日本人である。それにもかかわらず、母の言葉である琉球語を自由に操ることができない。琉球語よりもロシア語、英語、チェコ語などの外国語での方が、自らの意思を自由に表現できるというのは、異常な事態である。50歳近くになって始めた言語を自由に操ることは、言語学の専門的な訓練を受けた人以外には不可能であるということもよく分かっている。しかし、筆者は琉球語の学習を継続しているし、それは筆者が死ぬまで続けることになる。

筆者はもともとチェコのプロテスタント神学が専門だ。19世紀、チェコ人はドイツ人への同化が進んでいた。マルクスの盟友であるエンゲルスは、チェコ人を「非歴史的民族」と呼んだ。「チェコ人は独自の歴史を持つことができないので、いずれドイツ人に同化される」という意味だ。しかし、エンゲルスの予測は外れた。チェコ語をほとんど話すことができず、日常的にドイツ語で思索し、表現をしていたチェコの知識人たちが、チェコ語を使う意思を持ち、チェコ語で表現することを実行したからだ。

特にヨゼフ・ユングマン（１７７３～１８４７年）は、チェコ・独大辞典（全５巻）を編纂《へんさん》し、複雑で知的な表現をチェコ語でできる基盤を整えた。日常的な話し言葉であるチェコ語の語彙《ごい》を拡大するために、古代チェコ語や他のスラブ諸語から言葉を借用するとともに多くの新語を作った。チェコ語は十数年で、急速な発達を遂げ、普及した。言語は文化の源になる。そして文化によって、チェコ人は政治を包み込んでいった。〈学校教育に関して識者などからは、総合学習や国語の中ではなく、独立教科として教えるべきだとの意見も根強い。〉（19日、本紙）とのことだが、見切り発車でもよいから、独立教科として琉球語を学校教育で義務付けないと、普及は難しいと筆者も考える。

この点に関しては、チェコ、アイルランド、イスラエルあるいはロシア連邦内のブリヤート、アルタイなどの例からも言えることだ。この機会に県が暫定的な琉球語の正書法の規則を「かな」と「ローマ字」の双方で定めることが必要と思う。文化に政治を包み込むというアプローチを取ることで、沖縄と中央政府の新しい関係が生まれる。

沖縄の主権回復

全国紙報道の影響危惧

（2013年9月28日）

東京で国会議員、官僚、そして全国紙の新聞記者たちと話していると、頭の中から沖縄がすっぽり抜け落ちていることに驚く。東京のマスメディアに沖縄に関する記事がほとんど載らなくなったので、中央政府の政策に対する沖縄の異議申し立てがなくなったと勘違いしている人が多い。沖縄と日本は、政治的、情報的に別の空間になっている。

日本が国民統合に失敗したという現実が、東京の政治エリート（国会議員、官僚）のみならず、マスメディア関係者にも見えていないようだ。沖縄を継続的に観測している新聞記者は、「何か今までと質的に異なることが起きている」と何となく気づいているが、その先にどのようなシナリオが展開されるのかについて、徹底して考えることを避けているように思える。

東京の中央政府が、沖縄人を日本人に同化できなかった、すなわち国民統合に失敗しかけていることを認識すれば、国家統合を維持するためには何をすればよいかということは分かるはずだ。沖縄の主権回復を認め、そこからもう一度、日本と沖縄の関係を立て直すことである。

筆者が繰り返し述べていることであるが、沖縄は主権を獲得するのではなく、回復するのである。われわれは過去も沖縄人であったし、現在も沖縄人であるし、未来も沖縄人である。1854年の琉米修好条約、1855年の琉仏修好条約、1859年の琉蘭修好条約で、当時の帝国主義列強からも、琉球王国は、国際法の主体であると認められていたというのが客観的事実だ。

琉球処分以後、われわれの主権は潜在化していた。しかし、それは眠っていただけであり、死に絶えたのではない。今、その主権が顕在化しつつある。特に18日の「しまくとぅば県民大会」

で、眠っていたわれわれの言語が目を覚まし始めた。今後、琉球語の公用語化に向けたプロセスが加速する。これは誰にも止めることができない。文化の中核となる独自言語によって、政治が包み込まれようとしている。沖縄文化の力を東京の政治エリートは過小評価している。

文化の力とは、沖縄共同体の力である。東京の政治エリートには沖縄の力が見えないのだ。未だに中央政府の一部に、来年1月の名護市長選挙で辺野古を移設容認する人が当選すれば、仲井真弘多知事が移設容認を決断するという希望的観測を持つ人々がいる。

そういう意見を唱える人に、筆者が「それでは中央政府に機動隊を導入し、実力で辺野古移設をする意志があるのか」と尋ねると、相手は沈黙してしまう。力により問題を解決するという腹をもった東京の政治エリートは、一部防衛官僚を除いては存在しないと筆者は見ている。

筆者は、東京の政治エリートよりも、全国紙の報道が日本世論に与える影響を危惧している。全国紙だけを読んでいると、中国の脅威が日に日に強まり、日本の国防のために沖縄の重要性が高まっているという認識だけが刷り込まれる。日本人の世論が、中国の「脅威に備えるために、沖縄の〝わがまま〟を抑え、辺野古基地建設を強行せよ」と政治エリートを下から突き動かす可能性を過小評価してはならないと思う。

公用語化への意志

琉球語の規範が不可欠

（2013年10月5日）

東京で発行されている新聞や雑誌に「しまくとぅばの日」について積極的に寄稿していると、さまざまな反響がある。率直に言って、圧倒的大多数の日本人は、この出来事の歴史的意義に気づいていないようだ。

これに対して、在日外国人（特に多言語を使用する国家出身者）は、沖縄で琉球語の公用語化が進んでおり、それは政治的な主権回復の重要な基盤になることを理解している。日本の有識者には「すでに若い世代が使わなくなった方言が言語として再生することがあるのか」「現代社会の複雑な事象を琉球語で表現することができるのか」と考えている人が多い。

こういう意見に対して筆者は、「すべては沖縄人の意志次第です。歴史の先例としては、人々の意志によって、『死滅した』と思われていた言語が復活した例はいくらでもあります」と言って、チェコ語について説明する。

〈18世紀末になると、チェコ人の間に自身の民族に対する自覚が芽生え、チェコ文化の独立性を獲得しようとする動きが起きます。（中略）２００年近くにわたって安定した規範をもたなかったチェコ語をどのようにして立て直そうとしたのでしょうか。／この課題に取り組んだのが、ヨゼフ・ドブロフスキー（１７５３―１８２９）です。彼は、同時代の農村で話されていたチェコ語に範を求めることをしませんでした。かわりに、16世紀から17世紀の人文主義の時代に書かれて残っている洗練されたチェコ語に注目し、これを手本として規範を打ち立てました。１８０９年に発表された『チェコ語詳解文法』は彼の考える規範集です。〉**（金指久美子『中級チェコ語文法』白水社、２０１０年、２１１頁）**

琉球語の公用語化に関しても、規範を打ち立てることが不可欠だ。その場合、地域主義的な議論で焦点を拡散しないことが重要と思う。規範は、18世紀後半から19世紀にかけて、首里で使われていた当時のエリートたちの言葉に求めることが合理的と思う。首里の言葉をもとに現代琉球語の標準語を定める。この言葉が書き言葉の基礎になる。そこからどのような現代琉球語の通用語が生まれるかについては、現実を見ながら考えていく。

規範の策定（そこでは以前から繰り返し述べているが、正書法の規則の制定が極めて重要になる。筆者は、日本語の漢字かなとローマ字を併用した正書法で琉球語を表すべきと考える）は、専門家の課題である。規範が策定されるまでには時間がかかる。ロシア語に「鉄は熱いうちに打て」ということわざがあるが、「しまくとぅばの日」で、琉球語に対する県民さらに県外の沖縄人の意識が高まっているうちにできることがあるはずだ。

戸籍や住民票の請求用紙、図書館の入館票など目に見えるところにある公的もしくは準公的な文書の日本語と琉球語の二言語表記を行うことである。『琉球新報』が、講読申し込み用紙、領収書に琉球語を並記することでも、無視できないインパクトを日本社会に与えることになる。日本人に対して琉球語を可視化することが重要だ。そのためにも暫定的でよいので、琉球語の正書法の規則を県が制定することが必要と思う。

（2013年11月9日）

学力向上のために

読書が学習意欲高める

6日、県が発表した「児童生徒の生活実態調査」の結果について、7日『朝日新聞デジタル』は、〈学力調査最下位の沖縄　元凶は子連れ居酒屋と車通学？〉という見出しをつけて、こんな報道をした。

〈子どもを連れて居酒屋で飲食、小中学校へは車で送迎。沖縄では珍しくない光景が、子どもの生活リズムを乱し、学力低下を招いている――。全国学力調査で「最下位」が続く沖縄県が6日、こんな報告書を公表した。／県教委が7～9月、県内のすべての公立の小学5年と中学2年、その保護者を対象に生活習慣を調べたところ、「家族が車で送ることが多い」と答えたのは小5で26・2％、中2で33・9％いた。「ぎりぎりまで寝てお母さんに送ってもらうのではないか」と報告書は警鐘を鳴らしている。／「家族で外食する際に行く店」という質問では、「居酒屋」という回答が小5で7・3％、中2で6・2％。どちらも8割強は「レストラン・食堂」だったが、報告書は「居酒屋での食事は、夜更かし傾向を助長している可能性がある」と指摘した。〉

筆者はこのような見出しの取り方、記事のまとめ方に強い違和感を覚える。「沖縄の独自の文化、慣習が学力低下をもたらしている」という偏見が現れているからだ。東京の進学校の小中学生で、家族や運転手が送り迎えをしている例はいくらでもある。また、家族と外食する際に居酒屋を用いるのが6、7％程度であるというのは、取り立てて問題にするほど深刻な事態ではない。

小中学生のカリキュラムは、理解よりも記憶に依存する要素が大きい。「集中力×学習時間」

が成績にそのまま跳ね返る。ただし、算数、数学と英語は、積み重ね方式でないと知識が習得できない。例えば、小学校の分数計算に不安がある場合、中学校での因数分解を理解することはできない。学力に不安のある子どもたちへの対処方針は、個々の生徒について、どこでつまずいているのかをチェックし、その穴埋めを合理的に行うことで解決できる。

筆者は大学生や社会人から勉強法について相談を受けることが多いが、難関大学卒業者でも中学生レベルの数学でつまずいている人は意外と多い。正しい方法で勉強をやり直した人は、例外なく知識の欠損を克服している。どこに欠損箇所があるかについてチェックするノウハウは、受験産業が持っている。むしろ「学力調査最下位」などというレッテルが一人歩きして、児童生徒と保護者が萎縮してしまうことの悪影響の方が大きい。

子どもたちの学習意欲を高めるのに効果的なのは読書だ。琉球大学の笹澤吉明准教授は、〈学力の高い児童生徒は読書時間が長く、朝食を取る頻度が高いことを挙げた。また学習時間よりも読書時間の方が学力への影響が大きいと分析〉（7日本紙）している。重要な指摘と思う。読書の過程で、郷土の歴史と文化について深く知り、沖縄人としての自信と誇りを持つようになる。琉球新報が、有識者と懇談会を開き、県の児童生徒に薦める本のリストを発表すると、児童生徒、保護者、教師にとってのよい手引きになると思う。

「琉球処分官」を孤立させよう

集合知で筋書き構築を

（2013年12月7日）

自民党の石破茂幹事長は、11月29日付ブログに〈沖縄における厳しい世論にどう真剣かつ誠実に向き合うのか。私は現地の新聞に「琉球処分の執行官」とまで書かれており、それはそれであらゆる非難を浴びる覚悟でやっているので構わない。〉と記した。

石破氏は沖縄との関係で自らが21世紀の「琉球処分官」の機能を果たしている現実を正確に認識しているようだ。自民党本部が、沖縄の基盤とする党所属国会議員や県連に圧力をかけ、米海兵隊普天間飛行場の辺野古（沖縄県名護市）移設を強要している現実が沖縄人には、1879年の琉球処分の歴史の記憶と結び付く。

琉球処分から134年を経て、われわれも知恵がついた。「琉球処分官」にお引き取り願うシナリオを沖縄のコレクティブ・インテリジェンス（集合知）によって構築しようではないか。

政治の要諦は、カール・シュミットが述べるように「友」と「敵」を区別することだ。このときの基準は二つある。第一は「われわれの味方以外は敵だ」、第二の基準は「われわれの敵以外は味方だ」という基準だ。現下の情勢で、筆者は第二の基準を適用すべきと考える。米海兵隊普天間飛行場の移設問題について、筆者の見立てでは、沖縄の政治エリートには大雑把に言ってA～Fの六つの立場がある。

A・日本から入植した植民地総督府幹部の感覚で、辺野古移設を強要する。機動隊を導入し、流血が発生し、沖縄人が死んでも、日本国家と日本人の利益のためにやむを得ないと考える人々。

B・日本人に過剰同化し、中央政府が要求するままの安全保障上の負担をすることによってしか沖縄は生き残ることができないと考える人々。辺野古移設に積極的に協力し、中央政府から経済的利益や辺野古以外の基地負担で沖縄の利益を極大化するのが合理的と考える。

C・事大主義的惰性から、中央政府が本気になった場合、沖縄が抗しても無駄なので、あきらめている人々。

D・面従腹背で様子を見る人々。

E・「辺野古移設を含むあらゆる選択肢を排除しない」という自民党県連の方針転換でも論理的に県外の選択肢も排除されていないとして、消極的抵抗を試みる人々。

F・辺野古移設は非現実的で、沖縄に対する構造的差別を強化する結果をもたらすので断固反対し、積極的に行動する人々。

筆者は、Aの勢力だけを「沖縄の敵」に限定することが、この闘いに勝利するために不可欠な枠組みと思う。その観点から「県外移設に向けたオール沖縄の枠組みが崩れた」という表現を軽々に使わないことが得策と思う。見えない沖縄党に所属するわれわれ全員が腹の中では辺野古移設に反対している。違いは、圧力に対する耐性だ。

21世紀の「琉球処分官」の圧力にこのまま屈してしまうと、究極的には沖縄の保守政治エリートが、沖縄人同胞を殺す尖兵《せんぺい》として機能しなくてはならなくなってしまう。この悲劇を避けるということを基点に据え、知恵を働かせ、「琉球処分官」とそいつと連携するAの勢力を孤立させなくてはならない。

（2013年12月14日）

見えない沖縄の力

腐れヤマトの暗躍断とう

天国にいるお母さん、力を貸してください。

10～12日、那覇に行って、信頼する事情通の人たちと話をしてきました。お母さんもご存じのように、僕は外務省でインテリジェンスの仕事をしていました。ソ連の民族問題や、ロシアの権力闘争で近未来に何が起きるかを予測するのが僕の仕事で、自分で言うのは少し恥ずかしいのですが、国際的基準でも成果を上げ、また、僕の情勢分析については、橋本龍太郎、小渕恵三、森喜朗の3総理が高く評価していました。

お母さん、今、一部の腐れヤマトの国会議員が、米海兵隊普天間飛行場の辺野古移設を強行しています。もっとも頭のいい東京の政治家や外務官僚、それにアメリカ人は「辺野古はもう無理だ」と考えています。ただし、普天間飛行場を辺野古以外の場所に移す第2ステージに入るためには「日本政府・与党自民党としてできるだけのことをやった」という形を示す必要があると思います。そこで、裂帛《れっぱく》の気合いで沖縄の国会議員に圧力をかけました。

しかし、お母さんも知っていて「この人は保守だけど人間的に信頼できる」(お母さんは、伯父さん＝上江洲久［智克］元兵庫県沖縄県人会会長＝が社会党だったんで、革新びいきでしたね)といっていた、あの若い代議士は、県外移設の公約を下ろしていません。「あらゆる可能性の中には県外もある。公約通り僕は県外を追求する。辺野古に基地は出来ない」と公言しています。東京の圧力に対しても、したたかに抵抗できる若い政治家が育っています。

那覇市長、市議会議員も本気で普天間基地閉鎖、辺野古阻止で動いています。沖縄自民党は割れています。そして僕と考えの近い人の方が多いです。また、与党では沖縄公明党が頑張っています。公明党は一丸となって県外移設で進みます。ただし、自己の栄達のために、力を用いて、具体的には沖縄人の機動隊員により、辺野古の基地建設に異議申し立てをする沖縄人を実力で排除し、流血が起きてでも、基地を造るべきだと公言している腐れヤマトの政治家がいます。沖縄を自分の栄達のためのステップとしてしか考えていないのでしょう。

母さん、地上で僕たちは全力を挙げて、基地建設のために沖縄人が沖縄人を殺すような事態を避けるべく全力を尽くします。沖縄戦で、日本軍に脅され、あるいは日本に過剰同化して、われわれは同胞殺しをしてしまいました。あのことを二度と繰り返したくありません。母さん、天国では、戦死した姉さん、昭和高等女学校の人たち、従妹の美代さんと会いますか。美代さんは米軍の火炎放射器で焼き殺されたんですよね。ちょっと巡り合わせが違っていたら、母さんが焼き殺されていた。みんなの霊と会いますか。

それから、お母さんは、ニライカナイやオボツカグラに働きかけることができますか。お願いです、あの世にあるすべての力を沖縄に送ってください。腐れヤマトの政治家に呪いをかけてください。

3年前、死ぬ直前、母さんは僕に「沖縄がいつまでも平和であるように、沖縄人と日本人が仲良くできるように努力するのが優君の仕事だ」と告げました。僕はその約束を守ります。僕は沖縄人である母さんから生まれたことを誇りにしています。

未来の沖縄人へ（上）

皆さんの肩にかかっている

（2013年12月28日）

普段、このコラムは、大人に向けて書いています。ただし、今回は、小学校高学年生から大学生までの読者を念頭に置いて書きます。それは、沖縄の未来が、若い皆さんたちの肩にかかっているからです。

昨日（27日）、仲井真弘多知事は、辺野古の埋め立て申請を承認しました。中央政府は、知事の承認が得られたから、これで来年1月19日の名護市長選挙で、米海兵隊普天間飛行場の辺野古移設を容認する候補者が当選すれば、そこに嘉手納基地と並ぶ巨大基地を造ることができると思っています。

しかし、辺野古の基地に反対する人がたくさんいます。工事が始まると、多くの人たちが「やめてくれ」と言って、基地や工事現場の前で、座り込みをします。その中には、80代、90代の沖縄戦を経験した皆さんの、おじいさん、おばあさんたちの世代の人たちも加わります。

この人たちを機動隊が排除しようとすると流血になり、死者が発生する危険があります。機動隊員の多くは、沖縄の青年です。沖縄戦のとき、日本軍に「あいつはスパイだから殺せ」と言われて、沖縄人が沖縄人を殺したことがありました。このままだと再び、21世紀の沖縄で、沖縄人同胞同士が悪口を言い合い、殴り合い、死傷者が出るようなことになってしまいます。

仲井真知事が埋め立てを認めたことで「カネをつかませれば沖縄人は何でも言うことを聞く」という印象が東京で急速に強まっています。私の知り合いの国会議員、新聞記者、評論家でそういうことを平気で言う人が少なからずいます。日本の地上面積の0・6％しかない沖縄に在日米軍専用施設の74％があるのは不平等な状態です。沖縄以外の都道府県が新たな海兵隊基地を受け入れないのは、民意が反対しているからです。沖縄の民意も反対している辺野古の受け入れを強要されるのは、沖縄には民主主義が適用されないという政治的差別です。

石破茂自民党幹事長の強い圧力を受け、沖縄関係の自民党国会議員5人のうち「県外移設」の公約を堅持しているのは1人だけという状態になっています。私はこの衆議院議員の政治的良心を信じています。仲井真知事は「県外移設の方が早い」と言っていますが、もはや辺野古埋め立てを承認し、客観的に見て、辺野古の新基地建設に向けたステップを一歩進めたので（知事が不承認にすれば、このステップを止めることができました）、知事の言うことを誰も信頼しなくなると思います。信頼を失った政治家はみじめです。

恐らく、仲井真知事は、強大な中央政府の権力を前にして、沖縄が主張できるのはこのくらいで、もしそれで沖縄の基地負担削減ができるならば、歴史が知事の正しさを証明してくれると考えているのでしょう。

率直に言いますが、知事は沖縄の底力を過小評価していると思います。昔の沖縄人は、差別されているということを認めるとみじめになるので、そういうことを口にしませんでした。今の沖縄人は、「われわれが政治的差別の構造に組み込まれているのはおかしい」と正々堂々と主張できるくらい強くなりました。しかし、中央政府の差別政策を直ちにはねのけることができるほどの力はありません。

これから、沖縄人の大人たちは、知恵と力を合わせて、未来の沖縄のために、普天間飛行場の閉鎖、県外移設に向けて頑張っていきます。

沖縄の未来を担う皆さんへの期待は、次号で書きます。良いお年をお迎えください。

未来の沖縄人へ（下）

私たちの歴史取り戻そう

（2014年1月4日）

新年あけましておめでとうございます。新しい年の初めに、沖縄の未来を担う若い皆さんに、私の考えを述べる機会を与えられたことをとてもうれしく思います。

　皆さんに私が一番望むのは「強い沖縄人になってほしい」ということです。少し難しいかもしれませんが、文化人類学（民族学）でよく使われる「複合アイデンティティー」という言葉があります。アイデンティティーとは「自分が誰か」という質問に対する答えです。沖縄の地で生まれ育った人たち、沖縄以外の地で生まれ育ったけれども、祖先が沖縄出身者である人たち（母が久米島出身である私もその一人です）は、日本人であるとともに沖縄人であるという複合アイデンティティーを持っています。

　かつて、私たちは琉球王国という国家を持っていました。1879年の琉球処分で、この国家はなくなってしまいましたが、私たちには独自の文化、歴史の記憶があります。若い沖縄人である皆さんは、この文化と歴史に対して正直であってほしいと思います。

　日本人は大民族です。それに対して、われわれ沖縄人は、沖縄県以外では圧倒的少数派です。私は元外交官で、多民族国家であるロシアに勤務していました。大民族であるロシア人には、少数民族であるチェチェン人、イングーシ人、カレリア人、トゥバ人などの気持ちがなかなか分かりません。少数民族の中から「ロシア人以上にロシア人らしくなろう」という人も出てきます。これを過剰同化と言います。

　しかし、いくらロシアに同化して、ロシア政府の高官、あるいは実業界で成功して大金持ちになっても、少数民族の心には、ロシア人になりきれない「何か」が残ります。それは、大民族であるロシア人が、無意識のうちに少数民族を差別するからです。そして、一度はロシア人になりきったつもりの少数民族出身者が、再び自らの民族の名誉と尊厳を回復するために立ち上がる姿を私は目の当たりにしました。

沖縄人と日本人にも、それとよく似た構造があります。米海兵隊普天間飛行場の移設問題を、保守対革新というイデオロギー（思想）の対立と考えると、何が本当の問題であるかが分からなくなってしまいます。

保守派の翁長雄志那覇市長は、普天間飛行場の辺野古移設に反対する理由を「イデオロギーではなく、沖縄のアイデンティティーだ」と強調しています。この機会に皆さんも沖縄人としてのアイデンティティーについて、友達、お父さん、お母さん、おじいさん、おばあさん、学校の先生とじっくり議論してほしいと思います。

未来の沖縄人たちよ、皆さんの最も重要な課題は勉強です。1に勉強、2に勉強、3、4がなくて5に勉強です。まず、重要なのが論理の勉強です。国語（日本語）を通じて、言語による論理を、算数・数学を通じて、言語に左右されない論理を身に付けると、中央政府の沖縄に対する矛盾した対応に理路整然と反論できます。世界史、日本史とともに琉球・沖縄史を真剣に勉強しましょう。そうして、私たちの歴史を取り戻すのです。

最後に重要なのは、沖縄の文化を継承、発展させることです。とくに皆さんが大人になったとき、琉球語（ウチナーグチ、シマクトゥバ）で、自分の意思を表現できるようになっていることを私は願っています。文化によって政治を包み込んでしまえば、沖縄も沖縄人も今よりずっとずっと強くなります。

県知事選挙と県民大会

目に見えぬ「沖縄党」を

（2014年7月26日）

国会議員や全国紙の政治部記者、社会部記者から、「沖縄県知事選挙はどうなるんですか。選挙の結果が安倍政権の命運に影響を与えるので、現地の事情に詳しい佐藤さんの見方を教えてください」という質問をよく受ける。筆者は、「僕は東京に住んでいるので、皆さんと入手できる情報は一緒ですよ。琉球新報と沖縄タイムスの有料電子版を購読すれば、現地の事情は分かります。質問は、沖縄2紙を読んでいる人に限って受け付けます」と答えている。

筆者が知る範囲で、3人の記者が琉球新報を講読するようになった。沖縄の新聞を読むようになった政治部記者は、誰もが「まったく異なる情報空間だ」と驚く。そして、「このままだとたいへんなことが起きる」という認識を抱く。

しかし、東京の政治エリート（国会議員、官僚）の大多数には、危機意識が欠如している。「そりゃ現職が続投した方が、辺野古移設はやりやすいだろうけれども、誰が知事になっても結局、政府が『これでいく』と本気で決めれば、沖縄は受け入れざるを得ない」と本気で思っている。東京の政治エリートがこのような認識を抱く原因になっているのが、沖縄の一部政治エリート（県幹部、国会議員、学者、落選中の元国会議員）からの誤った情報だ。その内容は、「沖縄は日本に完全に同化している。いわゆる『沖縄のマグマ』なるものは存在しない。県民大会が行われても、（中央）政府がその結果を無視すれば、沖縄にはそれを阻止する力はない。内心では文句があって、居酒屋で泡盛を飲んで愚痴をこぼすだけだ。沖縄人が本気で、政府に反抗することはない」というものだ。

確かにこういうことを日本人に対して躊躇《ちゅうちょ》することなく言うことができる過剰同化した（もっと率直に言うならば、はらわたの腐った）分子がいることは事実だ。沖縄がかかえる最大の問題は、選挙によって選ばれた代表者が、圧倒的多数の県民の意思、感情、希望から懸け離れた行動や言動を行っていることだ。「代表を送り出す県民」と「代表される政治家」の距離を縮めることが、今後の選挙における重要な課題だ。

民主的手続きによって選ばれた沖縄の代表者の見解を中央政府が無視するときに、沖縄は県民大会という直接民主主義的形態で民意を表明した。現状では、沖縄の見解を真に代表し、公約を違えるようなことをしない人を知事に選出することが、県民全体にとって死活的に重要な課題と思う。11月16日の知事選挙は、米海兵隊普天間飛行場の辺野古移設阻止、普天間飛行場県外移設を確認するための県民大会としての性格を併せ持つことになる。

ここで重要なのは、東京の政党の思惑に振り回されないことだ。政党が特定の候補者を支持することは、政党が自らの機関決定として行えばいい。しかし、候補者は、いかなる政党による公認や推薦も辞退し、政党の思惑からフリーハンドを確保した目に見えない「沖縄党」から立候補してほしい。

（2014年9月6日）

言葉が通じない

「何かをしてやる」に潜む差別

最近、日本人と沖縄について話していても言葉が通じない。日本語で話しているのに、ほとんどコミュニケーションができないのだ。同じテーマについて、イスラエル人と英語で、ロシア人とロシア語で話すと、きちんとした意思疎通ができる。筆者の友人であるイスラエル人、ロシア人は、「佐藤さんの言う通り、日本の陸地面積の0・6％を占めるにすぎない沖縄に74％もの米軍専用施設があるという状況は、極端な差別だ。そこに民意の了承を得ずに新基地を造ることなど言語道断だ。しかも日本人が、沖縄人を警備の前面に出して、沖縄人と沖縄人を対立させているのは、植民地における典型的な分断支配だ。中央政府がこんな乱暴な政策を強行すれば、沖縄から民族自決権を行使する動きが出てくるだろう」という反応を示す。

3日、中央政府の内閣改造が行われたが、この政権の対沖縄強硬政策は今後も続く。「沖縄県を除く全体のために、沖縄は犠牲になれ」というのが日本の保守派の常識になっている。これに対する沖縄人の回答は一つしかない。それは、「あんたたちの言うことは分かった。しかし、それに従うのは断る」という回答だ。

日本人のリベラル派、左翼に対しても、保守派に対するのと同じいら立ちを覚える。この日本人たちは、沖縄の抵抗が弱いと勘違いしている。沖縄の新聞は、地元の利権構造や腐敗を書けないから、代わりに自分たちが沖縄の真実を書いているなどという頓珍漢《とんちんかん》なことを真顔で筆者に言うジャーナリストもいる。「沖縄では革新が騒ぎ、保守がカネをとる」という差別的な言説の枠組みで思考しているから、このような暴言が出てくる。議論していると、「沖縄人には自分の利益を代表する能力がないので、われわれが代わって代表してやる」というような、植民地主義者に典型的な意識が見えてきたので不愉快になり議論を打ち切った。

沖縄にとって死活的に重要な運命は、沖縄人が決める。過去も現在も未来も、沖縄は主権を持つし、沖縄人は同一の共同体に所属しているという意識を持ち続けている。保守派であれ、革新派であれ、日本人が「沖縄の利益を代表し、何かをしてやる」という発想自体が構造化された差別意識に基づいているのだと筆者は思う。

血筋から言えば、筆者は半分、日本人だ。当然、日本人としてのアイデンティティーも持っている。ロシア、ウクライナ、中東、北朝鮮などの問題について語るとき、あるいは勉強法について書くとき、筆者は無意識のうちに日本人として思考している。しかし、沖縄について考えるとき、自己意識に分節化が起き、日本人ではなく、沖縄人として考え、語り、書くようになる。「なぜそうなるのか」と問われても理屈でうまく答えることができない。

母、祖父母、その祖先、現在親しくしている沖縄の友人たち、面識はない県民、日本や世界各国で生活する在外沖縄人、幽冥界を異にした過去の沖縄人、これから生まれてくる未来の沖縄人、ニライカナイ、オボツカグラ、目に見える沖縄、目に見えない沖縄のすべてが筆者と結びついていると感じるからだ。ただし、残念ながら筆者には日本人たちにこの気持ちを正確に伝える表現を見いだすことができない。

スコットランドに学ぶ

確かめたい「話者の誠実性」

（2014年9月27日）

18日に行われた英国からの独立の是非を問うスコットランドの住民投票は、賛成55・25％、反対44・65％で、独立反対派が多数を占めた。注目されるのは、投票率が84・6％と非常に高かったことである。独立か英国残留かをめぐって、スコットランド社会が分断されていることを意味する。

この住民投票を、スコットランド人の自己決定権という観点から見ると面白い。独立に賛成した人は、スコットランド人の自己決定権を前提にしている。独立反対に票を投じた人は、二つのカテゴリー（範疇《はんちゅう》）に分かれる。第1は、スコットランド人はすでに英国人に完全に同化しているので、自己決定権という発想は馴染《なじ》まないと考える人だ。第2は、スコットランド人は、独立を含む自己決定権を有するが、現状では英国残留が適切と考える人だ。明確な数値で示すことはできないが、自己決定権を持つと考えるスコットランド人が過半数を占めることは確実だ。

ロンドンの中央政府は、今後、スコットランドの自治権を拡大すると約束した。北海油田からの税収の分配、スコットランドのみに所在する英国唯一の原子力潜水艦基地の移転などが協議の対象になる。これらの問題について、中央政府とスコットランド自治政府の間で、合意は容易に達成されないと思う。再び英国からの分離独立気運が強まる。そのとき今回の住民投票で独立反対に投票した有権者の相当数が、賛成に転じる可能性がある。スコットランド独立運動は潜在力をかなり残していると筆者は見ている。

スコットランドの独立運動を地域主義という視座からのみとらえ、民族問題の要素を軽視または無視する論評が全国紙では散見される。日本人記者が無意識のうちにロンドンの中央政府や英国の圧倒的多数派であるイングランド人の世界観に立って観察するのでそうなるのだ。エディンバラに記者を派遣した本紙の報道や論評と比較した場合、全国紙の報道は浅薄で一面的だ。

さて、スコットランドにおける自己決定権拡大の動きは沖縄にも無視できない影響を与えている。沖日関係についての沖縄人の意識を図式的に整理すると三つのカテゴリーに分かれる。第1は、沖縄人は日本人に完全に同化しているので他府県人と沖縄人の間に差異も差別もないと考える人。この前提に立つと中央政府が決定した以上、沖縄は日本全体のために辺野古の新基地を受け入れざるを得ないという結論が導かれる。第2は、沖縄人は日本からの独立を含む自己決定権を有するが、現状では日本の構成員にとどまり、自治を拡大していくべきと考える人。第3は、自己決定権を直ちに行使して沖縄独立を達成すべきと考える人。

筆者が懸念しているのは、自己の権力基盤を強化するという観点のみで、過去には米海兵隊普天間飛行場の嘉手納統合、また閣僚職にあったときは辺野古移設を支持した政治家が、沖縄独立カードを切っていることだ。話者の誠実性に疑念がある者が沖縄独立に関する県民投票の可能性を弄んでいるという事実が、沖縄と沖縄人の名誉と尊厳を毀損《きそん》しているというのが筆者の認識だ。

沖縄人性

率直、誠実に向き合おう

（2014年11月22日）

知事選挙で、翁長雄志氏（前那覇市長）が当選したのは、想定通りだった。ただし、次点の仲井真弘多現知事を約10万票も引き離すとは思わなかった。翁長氏の圧勝だ。昨年12月以降、辺野古での新基地建設に舵《かじ》を切った仲井真知事の路線は民意によって断罪された。12月10日に新知事が就任するまでは、仲井真氏が知事にとどまる。この期間に、現知事、県幹部は、辺野古新基地建設に関する問題を含むあらゆる政治判断を必要とする問題に関与してはならない。

過渡期の混乱を利用して、辺野古基地建設を画策する東京の政治エリートの動きに対して警戒心を高めなくてはならない。

今回の知事選挙の争点が、米海兵隊普天間飛行場の移設先という口実で、辺野古に新基地を建設することの是非であったのは明白だ。しかし、氷山の一角にすぎない。より本質的な問題は、沖縄が今後、どのように日本と付き合っていくかという「日本問題」だ。東京の中央政府は、「外交、安全保障に関する権限は中央政府の専管事項である。米軍基地をどこに設置するかの決定権もわれわれに属している」と考えている。その前提にあるのが、あの人たちの考える「廃藩置県」が沖縄ですでに完了しているという認識だ。この認識自体が間違えている。

琉球王国、琉球藩、大日本帝国沖縄県、米国施政権下の琉球諸島、日本国沖縄県など、名称はそのときどきの事情で変化するが、われわれには時代を通底する「沖縄人性」がある。論理で説明しようとしても、「沖縄は沖縄であり、沖縄人は沖縄人である」というトートロジー（同語反復）になってしまう。もっとも、いかなる問題であっても、もっとも重要な事柄はトートロジーでしか説明できない。目に見えないが確実に存在する「沖縄人性」に対して、われわれはもっと率直に、そして誠実に向き合わなくてはならない。

「日本人以上に日本人的な沖縄人」になっても、沖縄に対する中央政府の構造化された差別政策は是正されない。この単純な事実を、一部の沖縄の保守勢力はなぜ認めようとしないのだろうか。差別を口にすると一層差別を強める、であるとか、差別について語ると惨めになるのでやめようというような弱気の姿勢でいると、日本の陸地面積の0・6％を占めるにすぎない沖縄県に在日米軍専用施設の74％が所在するという状況が抜本的に変化しないのみならず、「沖縄の負担軽減」という虚偽の口実で辺野古に巨大な新基地が建設されてしまう。沖縄は差別について公に異議申し立てができるほど強くなったということが、翁長雄志氏の当選によって可視化された。

仲井真知事は、ある時期まで県民と一体化し、支持を受けた。在沖米軍基地の過重負担について、差別に近いものがあると言い、東京の中央政府がMV22オスプレイの沖縄への配備強行をするならば嘉手納を含む沖縄の全米軍基地閉鎖要求が出てくる可能性があると指摘した。その知事に中央政府が徹底的な圧力をかけて、辺野古埋め立てを強要した。沖縄の死活的利益に関わる事柄について、中央政府の圧力に屈した人には大きな政治責任がある。しかし、それを強要した中央政府の政治責任の方が百倍も千倍も重い。翁長新知事を孤立させず、オール沖縄の立場を維持できる体制を構築することが焦眉の課題だ。

ｉＰａｄの活用

沖縄紙報道の説得力示す

（２０１５年1月31日）

筆者は、毎朝、4時50分に起床する。５時に『琉球新報』『沖縄タイムス』『朝日新聞』『産経新聞』の朝刊が更新されるからだ。いちばん初めに『琉球新報』を読んで、その後、『沖縄タイムス』を読む。両紙の論調や報道のニュアンスに違いがあるときは「なぜそうなるのだろう」と考える。

筆者は、タブレット型のコンピューター「ｉＰａｄ Ａｉｒ２」を持ち歩いている。東京で国会議員や全国紙記者と話すとき、本紙電子版を見せながら議論をすると説得力があるからだ。最近、ある全国紙幹部に23日付本紙32面に掲載された「（海上保安官の）馬乗り写真」を見せた。幹部は絶句した。

幹部「影山あさ子さんは映画監督だよね。海保（海上保安庁）は、こんな乱暴なことをしているのか」

佐藤「ここを見てごらん」

そう言って、筆者は、文字を拡大し、以下の部分を示した。

〈第11管区海上保安本部は22日、琉球新報の質問に対して「馬乗りになったという事実はない。過剰警備には当たらない。（海上保安官は）かじがある船体後部へ通り抜けるために女性をかわして奥に進んだ」と回答した。

琉球新報の写真部員が撮影した写真を検証すると、海上保安官は船体後方から現れ、背後から影山さんのカメラを執拗《しつよう》に奪おうと左手を伸ばし、さらに左足を肩から乗せている。通り抜けようとする行動は確認できず、11管の説明は矛盾している。〉

幹部「こんなひどいことが行われているのか」

佐藤「三里塚（成田空港反対）闘争に近づきつつある。今の官邸は『押し』の一手だ」

幹部「梶山静六（元官房長官）には『引く』ことができた」

佐藤「『押す』ことしかできない権力は、意外と脆《もろ》い」

幹部「うちの那覇の記者はこの新聞を読んでいるわけだろう。追いかけて当然のはずだが……」

佐藤「ニュース性がないと思っているんじゃないか。東京の官邸、防衛省、外務省を回れば辺野古の記事ができると思っている」

筆者の周辺には、郵送で本紙を講読している別の新聞社幹部もいる。この幹部は連載「道標《しるべ》求めて」を愛読している。この幹部は「客観的に見て、日本政府は沖縄に植民地政策を取っている。沖縄が自己決定権を要求するのは当然の流れだ。辺野古の新基地建設は県民の受忍の限度を超えている。しかし、この種の話に日本人読者は生理的に忌避反応を覚える。何とか大多数の読者に受け入れられる言葉を見つけたい」と述べていた。

全国紙記者や国会議員に沖縄紙の報道内容を伝えることが、最近の筆者の仕事になっている。

（2015年3月14日）

琉球・沖縄史との対話

3条約で先人の英知学ぼう

県内の小学生、中学生、高校生に提案がある。先月27日から今月29日まで浦添市美術館で開かれる「琉球・幕末・明治維新　沖縄特別展」（主催＝琉球新報社、協同組合・沖縄産業計画）にぜひ足を運んでほしい。担任の先生にお願いして、課外教育の一環としてクラスで出掛けるのもいいと思う。そこに外務省外交史料館に保管されている琉米修好条約（1854年）、琉仏修好条約（1855年）、琉蘭修好条約（1859年）の3条約の琉球側正本が展示されている。この3条約正本と「対話」してほしい。

当時、沖縄には琉球王国という国家があった。アメリカ、フランス、オランダという大国が、琉球王国が国際法の主体であることを認めた重要な歴史文書だ。当時は弱肉強食の帝国主義の時代だった。弱い国は大国に併合され、植民地にされてしまう危険があった。当時のアメリカ人、フランス人、オランダ人は、沖縄人（琉球人）の礼儀正しさ、高い文化水準などを見て、きちんとした条約を結んで琉球王国とつきあう必要を認識したのだ。

この3条約正本の前に立つと、過去の沖縄人の声が聞こえてくる。その声に耳を傾けてほしい。最近、翁長雄志知事も3条約正本の前に立った。こうして翁長知事も過去の沖縄人と対話して、セヂ（エネルギー）を得ているのだと思う。

明治政府が琉球の外交権剥奪に乗り出し、1873年3月、3条約の提出を命じた。琉球側は政府の強硬姿勢に抗しきれず1874年5月、津波古親方政正が3条約正本を携えて東京に渡り、政府へ引き渡した。

あのころ、沖縄の先輩たちがどういう努力と苦労をしたかについても知ってほしい。大城立裕先生の『小説琉球処分』（講談社文庫）を読むと、「どのように苦しい状況に置かれても、沖縄にはそれを切り抜ける知恵がある」ということが分かる。

今般、琉米条約との関連で、新たな史実が明らかになった。〈琉米修好条約の米国側原本が、米国立公文書館に保管されていることが分かった。（中略）今回米側での原本の存在が確認された琉米条約は、締結翌年の55年3月9日には米議会が批准し、同日に大統領によって公布されており、国際的にもより「重み」のあるものといえる。〉（**1日付「琉球新報」**）

３条約正本の沖縄での展示は、２００２年に県公文書館であった日本復帰30周年記念特別展以来2度目だ。このタイミングで3条約正本が里帰りしたのには特別の意味がある。

例えば、11日、米軍は、辺野古沖で沖縄防衛局が投入したコンクリートブロックがサンゴを傷つけている問題で、県が潜水調査を求めていた臨時制限区域内の立ち入りについて「運用の妨げになる」として拒否した。

臨時制限区域は埋め立て対象地域ではない。この海域の環境保全は県の義務だ。沖縄の海は沖縄のものだ。去年8月に沖縄県が沖縄防衛局に通知した書面には、「本申請外の行為をし、または付した条件に違反した場合は許可を取り消す場合がある」と記されている。

琉米条約で示された、沖縄は国際法の主体であるという史実を在沖米軍関係者はもう一度思い出す必要がある。3条約正本は、沖縄の民意を無視した辺野古新基地建設に反対する沖縄人に追加的エネルギーを与えてくれる。

同化と異化の対立

同胞相食む不条理示す

（2015年3月28日）

東京の政治エリート（国会議員、官僚）の沖縄観は、実態から遊離している。23日、翁長雄志知事は、米海兵隊普天間飛行場の辺野古への移設計画をめぐり、移設関連作業を1週間以内に停止するよう、沖縄防衛局に指示した。これに対し沖縄防衛局は翌24日、指示の取り消しを求めて農林水産相に審査請求し、現在も辺野古沖での作業を続けている。

東京の政治エリートは、中央政府が強硬な姿勢で辺野古の新基地建設に臨み、いくばくかのカネを沖縄に支払えば、最終的に沖縄人は新基地を受け入れるという認識を未だ強く持っている。辺野古で異議申し立てをしているのは「本土からの外人部隊」で地元の人々は経済的利益をもたらす新基地を歓迎しているという話を連日のように国会議員や有識者、それに一部の政治部記者から聞かされる。根拠について問いただしてみると、「東京の新聞や雑誌が報じている」「沖縄でもブログでは新基地に賛成する意見を発信している人がいる」といった類の話しかない。

要は、日本人は自分に都合がいい情報だけを無意識のうちに集め、沖縄に米軍基地の一層の過重負担をさせることを合理化しているのである。

東京で出ている沖縄関連本も、「最終的に沖縄はカネで転ぶ」「翁長県政になっても何も変わらない」「沖縄の新聞は地元の腐敗に目をつぶる守旧派だ」といった類のものが大多数だ。そのような中で最近発売された『世界』臨時増刊ｎｏ・８６８（岩波書店）は、沖縄の現状をできる限り正確に読者に伝えようとしている。巻頭は、作家の大城立裕氏による「生きなおす沖縄――くりかえし押し返す――沖縄の覚悟と願い」と題する論考だ。

大城氏は、〈第二次世界大戦で沖縄は、本土の安全を保障するために米軍を足止めする戦略の犠牲になり、学徒は皇民化教育の影響で、祖国のためにという自覚で命を懸けた。その滅私奉公の根底には一八七九年の琉球処分いらい百年の政治的、社会的差別に抗して、これだけ祖国のために戦えば、日本国民として認めてもらえる、という願いがあったのだ。それを、「祖国防衛」の恩義も忘れて平和条約でふみにじった。その歴史の真相を忘れて、いまごろ素朴に本土だけ主権を回復したと万歳する無自覚、無責任、理不尽、を、恕しがたいのだ。もっとも、この違和感には既視感もあって一九五五年以降に本土が高度成長に酔い痴《し》れていたころ、沖縄は本土の肩代わりで米軍基地との孤独な戦い―泥沼のような軍用地問題（銃剣をかまえての強制接収と一坪の地代がコカコーラ一本の代価に等しいという差別）とのたたかい喘いでいたのである。／歴史的にもともと好んで日本国民になったのではなかった。琉球王国という小さな独立国であったのを、日本帝国の国防の前線としての地政学的な理由から、王国を滅ぼして帝国に併合したのである。抵抗を排して「琉球処分」と称した。一八七九年（明治一二）のことであった。〉と指摘する。

そして、〈辺野古に矛盾きわまる状況が湧いている。反対運動は、一〇〇余年来の（厳密には一六〇九年の薩摩侵攻以来四〇〇年来の）同化志向に潜行してきて主体的にたかまった異化志向の爆発だ。その抵抗する民衆にたいして抑圧勢力として警察、海上保安庁の県民職員がいる。同胞相食む不条理が同化と異化との対立のピークという象徴的図形に見える〉と強調する。

筆者も同じ認識だ。「日本の中央政府の都合で沖縄人同士が対立するのはもう嫌だ」というのが沖縄人の率直な気持ちだ。同胞相食む構造を作っている日本からの離脱という動きが出てくるのは当然のなりゆきだ。

（2015年5月23日）

知事の琉球語のエネルギー

全沖縄人の抵抗強める

17日に行われた「戦後70年　止めよう辺野古新基地建設！沖縄県民大会」は大成功だった。

主催者側発表では、3万5千人が参加したということだが、沖縄セルラースタジアム那覇の外野席まで人が埋まっていたので、実際の参加者はもっと多かったと思う。主催者側発表よりも実際の参加者の方が多いという集会は珍しいと思う。

さらに沖縄以外の日本に居住する沖縄人の多くが本紙のインターネット動画によって、リアルタイムでこの集会に加わった。日本人の記者、編集者でも、本紙のインターネット動画によって情報を得た人も多い。

この県民大会で、翁長雄志沖縄県知事の求心力は一層高まった。特にあいさつでの翁長氏の以下の発言がわれわれの琴線に触れた。〈政府は普天間基地の危険性の除去がこの問題の原点だと言っているが、沖縄から言わせると、さらなる原点は普天間基地が戦後、米軍に強制接収されたことだ。何回も確認する。沖縄は自ら基地を提供したことは一度もない。／普天間飛行場もそれ以外の基地も戦後、県民が収容所に収容されている間に接収をされ、また、居住場所をはじめ、銃剣とブルドーザーで強制接収をされ、基地建設がなされた。自ら土地を奪っておきながら、普天間飛行場が老朽化したから、世界一危険だから、辺野古が唯一の解決策だ。沖縄が負担しろ、嫌なら沖縄が代替案を出せ、こういうふうに言っているが、こんなことが、許されるだろうか。／私はこのことを日本の政治の堕落だと言っている。自国民に自由と人権、民主主義という価値観を保障できない国が、世界の国々とその価値観を共有できるのだろうか。

日米安保体制、日米同盟というものはもっと品格のある、世界に冠たる、誇れるものであってほしいと思っている。〉（5月17日「琉球新報」電子版）

「沖縄だけが特にひどい目に遭っているわけではない。原発と沖縄の基地は、政府が地方に犠牲を強いた結果だ」という主張をする人がいるが、基本認識が間違っている。原発は、当該施設が設置される道県と市町村の同意を得て、少なくとも形式的には民主的手続きを踏んで造られたものである。これに対して、沖縄の米軍基地は、民意の同意を一切経ずに強制されたものだ。

翁長氏は、在沖米軍基地建設に際して民主的手続きが一切取られていない事実を強調することで、沖縄が差別された半植民地状態にあることを弾劾したのである。

翁長氏は、あいさつの結びで、「どうか、日本の国が独立は神話だと言われないように安倍総理、頑張ってください。うちなーんちゅ、うしぇーてぇーないびらんどー」と述べた。ここで翁長氏は、十分考慮して言葉を選んでいる。

〈「うちなーんちゅ　うしぇーてぇーないびらんどー（沖縄人をないがしろにしてはいけませんよ）」／「うしぇーらんけー（みくびるな）」と投げ付ける言い回しを避け、諭す響きがあった。／沖縄の民意を無視し、新基地建設が「唯一の解決策」と言いはやす安倍晋三首相と沖縄に基地を押し付けて平然としている本土の「人ごとの論理」を改めるよう促

す意味合いがあろう。〉（18日本紙社説）

「うちなーんちゅ　うしぇーてぇーないびらんどー」という言葉が沖縄人に新しいエネルギーを供給した。国家公務員、地方公務員、警察官、自衛官、海上保安官の職に就いている人々を含む全ての沖縄人が、あらゆる場所で、辺野古新基地建設を阻止するために静かな抵抗を強める。

沖縄人の国際連帯

自己決定権の認識広がる

（2015年6月6日）

米軍の辺野古新基地建設断念と普天間飛行場の早期閉鎖・返還を求めて訪米した翁長雄志知事は3日、要請行動の日程を全て終え、ワシントン市内で記者会見した。

〈知事は米政府当局者ら会談相手に沖縄の基地問題への理解が深まったと総括した上で「来る前に比べれば大きな上乗せがあった。それを糧にして、一歩一歩前に進んでいきたい」

と述べ、移設阻止への決意を新たにした。／一方、翁長雄志知事と米国務省のヤング日本部長、国防総省のアバクロンビー副次官補代行が会談した後、米国務省は声明を発表し、辺野古移設を推進する方針を強調した。／翁長知事は「日米両政府が『辺野古が唯一』だと言うので、必ずやり遂げられると信じている人が多いが、実際はいろんな理由で（移設）工事はなかなか進まないというのを理解していただいた」と訪米の成果を強調した。上院軍事委員会のマケイン委員長と対話を継続することで一致したことを挙げ、今後も粘り強く米側と直接交渉する意向をあらためて示した。〉（4日、本紙電子版）

ワシントンの米国政治エリート（政府高官、上下院議員、シンクタンク関係者）に沖縄の声を伝えることができたこと自体が成果だ。それとともに米国の沖縄系同胞が翁長知事を強く支持したことにも大きな意味がある。ワシントンには沖縄系米国人が集まり、辺野古新基地建設に反対の意向を表明した。

ワシントン入りする前の5月29日（日本時間30日）に行われた翁長知事とイゲ・ハワイ州知事との会談も興味深い。同日、ホノルルにおける記者会見で翁長氏はこう述べた。〈前半は交流の話をし、後半は基地の話をした。一つ違うのは、基地問題は州知事の直接的な権限ではない点。だが同じウチナーにルーツを持つ者として、沖縄の今の基地問題の現状を理解いただき

たいと説明した。先方は日米両政府の問題ではあるが、ワシントンＤＣで頑張ってくださいと。〉（5月31日本紙）

重要なのは、翁長氏の立場を理解した上でイゲ氏が「ワシントンＤＣで頑張ってください」と激励したことだ。イゲ氏は、ハワイ州の公式ウェブサイトにも「沖縄系米国人の初めての知事」と記されている沖縄人としてのアイデンティティーを明確に持つ政治家だ。イゲ氏は沖縄人の民意を代表する翁長氏を最大限に支持し、沖縄人の国際連帯を推進している。沖縄によって死活的に重要な事柄については、沖縄人が決定するという沖縄の自己決定権に関する認識が、国際的広がりを持つようになったことが、今回の翁長知事訪米の最大の成果と思う。

東京の中央政府は、沖縄に対する差別政策を改めようとしない。〈菅義偉官房長官は4日の記者会見で、翁長知事が一連の訪米日程を終えたことについて、「知事が時間をかけて米国まで行ってきたのだから、辺野古移設は唯一の解決策であるということも認識して帰ってこられたんじゃないか」と発言した。〉（5日「朝日新聞デジタル」）

翁長知事が「辺野古移設は唯一の解決策であるということも認識して帰ってこられたんじゃないか」と菅氏が本気で思っているとするならば、菅氏の分析能力が基準に達していないということだ。高官がこの程度の認識しか持っていない中央政府の良識に期待しても無駄だ。いずれにせよ辺野古新基地建設を阻止するという沖縄の目標は、沖縄人の心の中では既に達成されている。この既に達成された事柄を、翁長知事を支持し、沖縄の自己決定権を強化することによって達成するのがわれわれの課題だ。

八原博通「沖縄決戦」

消耗品扱いされた沖縄人

（2015年6月20日）

沖縄戦を指導した八原博通高級参謀（当時、陸軍大佐）の手記『沖縄決戦』が文庫化された。この手記には問題が多い。例えば、牛島満司令官と長勇参謀長の最期を目撃した以下の証言がある。〈私を振りかえられた長将軍は、世にも美しい神々しい顔で、静かに、「八原！　後学のため予の最期を見よ！」と言われた。剣道五段の坂口が、つと長刀を振りかぶったが、何故か力なくためらって、「まだ暗くて、手もとがきまりません。暫く猶余を願います」と言った。（中略）出口に顔を出そうとする一刹那、轟然一発銃声が起こった。（中略）経理部長自決の拳銃声だった。今度は坂口が両将軍着座の瞬間、手練の早業でちゅうちょなく、首をはねたのだ。〉**（八原**

博通『沖縄決戦　高級参謀の手記』中公文庫、2015年、438頁）

しかし、大田昌秀氏（元沖縄県知事）が米国の公文書館から入手した牛島、長、両氏の遺体の写真は首がついたままで、切腹をした痕跡も認められない。事実関係に重大な疑義のある事項については、文庫化にあたって註を記すべきと思う。

八原参謀の持久作戦とはどのようなものであったのか。〈「（前略）軍はどうしても勝てぬのだという現実を正視し、本土決戦のために行なう戦略持久作戦に専念すべきであった。あの第六十二師団を中心とする堅陣による防御戦闘こそが、私の理念であった。それを主観的形式に堕した戦術論で攻撃を主張し、かつ実施したから、今残念にも首里戦線を放棄して退却しなければならぬ羽目に陥ったのである。同じ敗退するにしても、私の意見に従えば、おそらくさらに一カ月後になっていたろうに……」と私の従来の主張を繰り返した。〉（前掲書、354頁）

ここで八原氏が、「私の理念であった」と称賛する陸軍第六十二師団（通称「石部隊」）にしても、日本本土を守るための捨て石、すなわち消耗品としての役割しか与えられていない。ちなみに筆者の母は、14歳のとき「石部隊」の軍属として沖縄戦に従軍した。本書を読んで、沖縄戦で、母も消耗品の一部品に過ぎなかったことを再認識した。軍人ですら、消耗品として扱う八原参謀に、沖縄の民間人の存在は視界に入らない。この手記を読み進めるうちに、日本の軍事エリートの沖縄人を物のごとく扱う姿勢に吐き気がしてきた。

毎年、6月23日の「慰霊の日」が近づくと、海軍陸戦隊の大田実中将の「沖縄県民斯ク戦ヘリ県民ニ対シ後世特別ノ御高配ヲ賜ランコトヲ」が日本の政治家や報道関係者、有識者によって繰り返される。この言葉が既に消費され尽くされていることに気づいていないのだろうか。「後世特別ノ御高配」の実態が、サンフランシスコ平和条約による沖縄の切り捨てと、現在も日本の陸地面積のわずか0・6％を占めるに過ぎない沖縄県に在日米軍専用施設の74％が所在しているという事実と、沖縄の民意を無視して、沖縄人の流血を厭《いと》わずに辺野古新基地建設を強行しようとする中央政府の態度だ。消費され尽くした言葉を繰り返しても、沖縄人の琴線ではなく、逆鱗に触れるだけであることを、東京の政治エリートとマスメディア関係者は自覚すべきだ。

（2015年7月4日）

自民報道圧力の2側面

団結し沖縄蔑視阻もう

自民報道圧力問題に関しては、二つの側面がある。

第1は、自民党の保守派を自認する人々が、安倍政権に批判的なマスメディアを封じ込めることを意図しているという面だ。傲慢《ごうまん》な権力者が、自らにとって心地の良い環境をつくり出そうとしているということで、言論の自由と民主主義全般に危機をもたらす問題だ。

第2は、政権に近い日本の政治エリートと有識者が、沖縄の新聞を標的にして、沖縄2紙の読者の知る権利を侵害しようとしている面だ。県民や県外の沖縄人からすれば、笑止千万の妄想であるが、「『琉球新報』と『沖縄タイムス』が左翼によって支配されているので、沖縄の世論が誘導されている」ということを信じている国会議員、全国紙記者、有識者は意外と多い。

この前提には、県民に判断力がなく、新聞の誘導によって容易に煽動されるという沖縄人蔑視がある。同様に笑止千万な妄想であるが、「沖縄独立論は中国によって操られている」という話を真面目に信じ、危機感を抱いている国会議員、全国紙記者、有識者も少なからずいる。沖縄人は内発的に政治意志を表明することができず、外部によって操られる存在だという了解がなければ、このような見解は生まれない。

6月25日に行われた自民党勉強会における百田尚樹氏の発言で、沖縄と沖縄人に対する蔑視が顕著に表れているのが以下の箇所だ。

「沖縄の米兵が犯したレイプ犯罪よりも、沖縄県全体で沖縄人自身が起こしたレイプ犯罪の方が、はるかに率が高い」（6月26日「朝日新聞デジタル」）

ここで百田氏は「沖縄人」という言葉を用いている。そもそも日本の統計区分に「沖縄人」

というカテゴリーは存在しない。それにもかかわらず、レイプ犯罪を犯したのが、日本人ではなく沖縄人であるという前提で話をしている。

〈公務員であり日米地位協定で守られている米兵と、一般県民を同列に比較することを疑問視する声がある。米兵による性犯罪に詳しい宮城晴美氏は「性的暴行の起訴率も十数％という米兵と日本人とは罰せられ方が違う」と話す。（中略）宮城氏は在沖米兵の性的暴行の発生率は不明としながら「そもそも単純に比較するものではなく、戦後70年間、米兵が女性に好き放題してきた歴史を考えなければいけない」と強調した。〉

（6月27日本紙電子版）

というような反論は、百田氏や勉強会に参加していた自民党国会議員の心には響かない。なぜなら、この人たちは客観性や実証性を軽視もしくは無視し、自らが欲するように物事を理解する反知性主義者だからだ。

自民党報道圧力問題に潜んでいる沖縄差別については、沖縄人が声を上げない限り、日本人は認識しない。

反知性主義者による沖縄と沖縄に対する差別と蔑視を阻止することは、沖縄人が団結して抗議運動を展開しない限り不可能だ。事態を放置しておけば、差別が深刻化するだけだ。

身勝手な日本人

沖縄に投影する願望

（2015年7月25日）

辺野古基金の共同代表に就任してから、沖縄人と日本人の認識の差異を感じる機会が多くなった。

筆者は、日本の論壇では、保守陣営に属する。また、外交・安全保障政策では、力の論理、勢力均衡や地政学を重視するタカ派の要素がある。知識人としては、これが筆者の限界であるのだが、外務官僚として、ソ連、ロシア、あるいはインテリジェンスなどを担当したときの経験から著しく乖離《かいり》した発言をすることは、自らの職業的良心に照らして不誠実と考えている。

もっとも力の論理を重視し、勢力均衡論に立つ筆者の目から見ても、辺野古の新基地建設は無理筋だ。沖縄の民意に反する基地建設を強行することで、沖縄の全米軍基地のみならず、自衛隊の基地も沖縄防衛局、外務省沖縄事務所など中央政府の出先機関も沖縄人から忌避されるようになる。その結果、日米同盟を弱体化し、日本の統合を揺るがす事態が生じかねない。「辺野古新基地建設を強行すると、結果的に損をしますよ」と日米両国政府に対して筆者はメッセージを出し続けている。率直に言って、米国人の方が感度が良い。

面倒なのは、「辺野古新基地建設を強行しているのは安倍政権なので、あなたは辺野古基金の代表を務めているのだから、この政権を打倒する行動に参加すべきだ」という説得の電話や面会要請が最近、多くなっていることだ。筆者は「辺野古を含む沖縄に新基地ができなければいいのです。安倍政権に僕は関心がありません」と答えるが、こういう説得をする人は、自分が絶対に正しいことをしていると信じているので、なかなか勘弁してくれない。「はー、はー」と話を聞き流していると、「あなたは沖縄の問題だけが解決すればいいと思っているのですか。日本の民主主義がどうなってもいいと思っているのですか」と畳み掛けてくる。こうなれば売り言葉に買い言葉だ。

「現時点で私の関心は沖縄にしかありません。辺野古の新基地建設阻止に向けて、私にできるすべてのことを行いたいと思っています。日本の民主主義は十分に担保されているんじゃないですか。あなたのお嫌いな安倍政権も、あなたの大好きな日本国憲法の規定に基づいて、民主的選挙によって自民党が第一党になったから成立したんじゃないですか。私の関心は、日本国憲法に定められた民主主義が沖縄で適用されていないという差別的な現実です。辺野古基金は、自民党や安倍政権を支持する人たちにも開かれているというのが私の認識です。辺野古に新基地を造らせないという一点で合意できれば、それ以外にはどんな考えの人がいても構わないと思います」と答え、「私もやらなくてはならない仕事がたくさんあるので、この辺で失礼します」と言って電話を切る。

他にも「沖縄差別批判を乗り越え、日米安保廃棄の闘いに進まなくてはならない」と説得を試みる新左翼系の日本人もいる。こういうスローガンを掲げていると、結果として在沖米軍基地の過重負担が変化しないという現実が、こういう人には見えていない。自らの願望を沖縄に投影する身勝手な日本人たちと話をすると疲れるが、当面、それを続けなくてはならない。

（2015年9月26日）

翁長知事の国連演説（上）

歴史的、政治的意義は大

現地時間の21日夕刻（日本時間22日未明）、スイス・ジュネーブで開かれた国連人権理事会総会における翁長雄志県知事の演説は、歴史的、政治的に大きな意義を持つ。

まず第一に、沖縄県の民意によって選ばれた沖縄の最高指導者が史上初めて、国連の場で沖縄の自己決定権に基づく自己主張をしたことだ。〈翁長知事は「沖縄の米軍基地は第2次世界大戦後、米軍に強制接収されてできた。沖縄が自ら望んで土地を提供したものではない」と述べ、米軍普天間飛行場の返還条件として県内に代替施設建設を求める日米両政府の不当性を主張した。／また、「沖縄は国土面積の0・6%しかないが、在日米軍専用施設の73・8%が存在する。戦後70年間、いまだに米軍基地から派生する事件・事故や環境問題が県民生活に大きな影響を与えている」と強調した。その上で「沖縄の人々は自己決定権や人権をないがしろにされている」と訴えた。／翁長知事は昨年の県知事選や名護市長選、衆院選など県内主要選挙では辺野古新基地建設に反対する候補が勝利したことに触れ「私はあらゆる手段を使い新基地建設を止める覚悟だ」と述べ、建設を阻止する決意を表明した。〉（**22日、本紙電子版**）まさに今、この時点で沖縄が国際社会に発信しなくてはならない論点がすべて盛り込まれている。

第二に、翁長氏は、文法的に正確な英語で、沖縄が置かれた状況を過大な形容詞や修飾語を用いずに力強く訴えた。訴えの時間も2分間だった。人権理事会の参加者に「沖縄に関してこういう問題があるのか」ということを意識させるのに適切な長さだ。国際世論を喚起するという目的からは、焦点が拡散する長時間の演説よりも、短時間の論点を提示する形の演説の方が適切だ。詳しい事情については、外国マスメディアとの個別対応で説明した方が効果的である。

近未来に、那覇に外国記者団を招き、翁長知事が特別会見を行うことを検討してほしい。最初の挨拶《あいさつ》は琉球語、知事からの冒頭発言は英語で行い、質疑応答は日本語／英語の通訳を用いて行えばいい。沖縄の政治家が外国人を相手に記者会見や演説をするときに冒頭発言で、極力、日本語を使わないようにすることは、言語においても植民地主義から訣別《けつべつ》するというニュアンスを持つので、意外と重要だ。ぜひ、辺野古基金を用いて、外国の記者や有識者を招いてほしい。県にお願いがある。県のホームページに今回の翁長知事の演説を日本語、琉球語、英語、フランス語、スペイン語、ブラジル語、ハワイ語、中国語、ロシア語、韓国語、アラビア語などに翻訳して掲載してほしい。同時に県から、この翻訳文を当該言語を用いる世界中のマスメディアにEメールや手紙で伝えることが重要だ。辺野古新基地建設問題を一層国際化することが、中央政府に対するボディーブローになる。

翁長演説に対する外務省（在ジュネーブ国際機関日本政府代表部）の対応は、特命全権大使の小田部陽一大使ではなく、格下の嘉治美佐子次席大使に反論を行わせたことに象徴されるように腰が引けている。これと比較して、菅義偉官房長官の発言は、沖縄に対する苛立《いら》ちを隠さない植民地主義者のパターナリズム（父権主義）が端的に現れたものだ。これらの点については、次回論ずる。

翁長知事の国連演説（下）

「筋悪案件」示す嘉治反論

（2015年10月3日）

外務省に「筋悪案件」という業界用語がある。苦労するにもかかわらず、無意味で、従って、評価にもつながらない仕事のことだ。9月21日、スイスのジュネーブで行われた国連人権委員会における翁長雄志知事の演説に対する「寿府代《じゅふだい》」（在ジュネーブ国際機関日本政府代表部を意味するときに外務官僚が用いる略語）の対応を見ると、まさに外務省が本件を「筋悪案件」と見なしていることが分かる。日本政府が本気で反論するならば、特命全権大使である小田部陽一大使が出てくるのが筋だ。しかし、小田部大使は逃げて、次席の嘉治美佐子大使が反論を行った。

嘉治氏は、有能な外務官僚で、彼女が去年NTT出版から上梓した『国際社会で働く――国連の現場から見える世界』を読むと、人権派の外務官僚であることがよく分かる。嘉治氏は、東京の外務本省から、翁長演説に対して反論せよと具体的な発言内容を明示した訓令が秘密公電（外務省が公務で用いる電報）で「寿府代」に届き、その訓令に基づいて、外務官僚として淡々と仕事をしたにすぎないと筆者は見ている。

沖縄の置かれている状況が、国際的な人権基準に照らしてどれほど深刻な事態であるかを嘉治氏に理解できないはずがない。また、沖縄が自己決定権を主張し、それが民族自決権の主張にまで至ると、どれほど面倒になるかについても嘉治氏を含む「寿府代」に勤務する外務官僚はよく理解していると思う。ちなみに嘉治氏は、前出の書で、〈人権問題は、人権理事会のほか、その報告を受けて、国連総会の第三委員会で扱われます。第三委員会で採択された決議が総会本会議で採択されることにより、国連総会として正式の決議になる。〉（115頁）と書いている。

県幹部が嘉治氏に電話して、「あなたの本に書いている通りに事態を進捗《しんちょく》させたいのだけど、どういう点に留意したらよいか」と尋ねて見るとよい。外務官僚であれ、本を出した以上は、その内容に対する読者からの質問に対しては、誠実に答えるのが「著者の掟」だ。自分が公刊した本の内容に対して責任を持てない人は、知識人ではない。嘉治氏の人間として、国際派の知識人としての誠実な対応を筆者は期待している。

翁長演説に対する中央政府の反応は、予想されたこととはいえ、無礼極まりない。〈菅義偉官房長官は24日午前の記者会見で、翁長雄志知事が国連人権理事会で米軍普天間飛行場の移設問題に関する政府の対応を批判したことについて「人権や基本的自由の保護促進などを主な任務とする人権理事会で、沖縄の米軍基地をめぐる問題が扱われたことには強い違和感を持っている」と不快感を示した。／菅氏は「政府は沖縄の基地負担軽減、沖縄振興に全力を挙げている。普天間飛行場の移設は19年間、多くの沖縄県関係者の協力を得ながら適正な手続きに沿って進めている」と政府の立場を強調。その上で「そうしたことを踏まえない翁長知事の主張は国際社会では理解されない」と批判した。〉（9月24日付本紙電子版）

菅さんよ、翁長知事の演説を国際社会で評価する主体は、鈍感力の塊のようなあなたではなく、人権基準を備えた全世界の人々だ。「うちなーんちゅ　うしぇーてぇーないびらんどー（沖縄人をないがしろにしてはいけませんよ）」

翁長知事夫妻の決意

強まる沖縄の自己決定権

（2015年11月14日）

沖縄への警視庁機動隊投入で、事態が質的に変化したことを象徴的に示しているのが、7日、辺野古における翁長雄志知事夫人・樹子《みきこ》さんの発言だ。

〈新基地建設に反対する市民らが座り込みを続ける名護市辺野古の米軍キャンプ・シュ

ワブゲート前に7日、翁長雄志知事の妻・樹子さん（60）が訪れ、基地建設に反対する市民らを激励した。／樹子さんが辺野古を訪れたのはことし9月に開かれた県民集会以来、約2カ月ぶり。市民らの歓迎を受けてマイクを握り、翁長知事との当選時の約束を披露した。「（夫は）何が何でも辺野古に基地は造らせない。万策尽きたら夫婦で一緒に座り込むことを約束している」と語り掛けると、市民からは拍手と歓声が沸き上がった。「まだ万策は尽きていない」とも付け加えた樹子さん。「世界の人も支援してくれている。これからも諦めず、心を一つに頑張ろう」と訴えた。座り込みにも参加し、市民らと握手をしながら現場の戦いにエールを送っていた。〉**（8日「琉球新報」電子版）**

この先は、樹子さんの発言に対する筆者の解釈だ。「万策尽きた」場合とは、日本の司法判断で辺野古新基地建設が是認される場合のことだ。中央政府は、「司法手続きで沖縄の主張が通らなかったので、これで沖縄も言うことを聞くだろう。翁長知事も辺野古には手も足も出すことができない」と考えるだろう。

しかし、沖縄の自己決定権は、沖縄差別が構造化されている日本の行政府や司法府による決定よりも優先するのである。沖縄側は翁長知事を先頭に、工事を阻止するための「新たな形態での自己決定権の行使」に踏み込む。具体的な予測をしてみよう。翁長知事夫婦は、既に「一緒に座り込む」決意を固めている。そのときは知事夫妻に連帯して万単位の人々が辺野古に集まる。そうなれば、数千人が工事現場を占拠する動きに出ることは必至と筆者は見ている。もはや機動隊を含む通常の警察力では、対応できなくなる。その場合、警察もしくは米軍が無防備の市民に対して発砲しなくては、基地秩序に維持ができなくなる。流血が生じるようなことになれば、沖縄の日本からの分離運動が本格化する。また、沖縄は嘉手納基地を含む全米軍基地の閉鎖を要求するようになるであろう。

いま、東京の政治エリート（国会議員、官僚）に求められているのは、希望的観測に頼らずに、等身大で沖縄の状況を冷静に分析することだ。物事には、それが自ずから展開していく内在的論理がある。警視庁機動隊の投入で、中央政府は「沖縄VS日本」という対決図式をより鮮明にした。当然、沖縄はこのような中央政府の対応を植民地主義と受け止める。こういう認識が強まれば強まるほど、中央政府が決定したルールに沖縄が一方的に従う必要はないという認識も強まる。

その結果、沖縄人の中で日本の裁判所での判断に従うよりも、沖縄の自己決定権に忠実に生きるべきだという決意が高まる。中央政府が設定した枠の中で「万策尽きた」としても、沖縄は自らの生き残りのために新たな枠を作り出す。われわれ沖縄人はその意思と能力を持っている。

沖縄の子どもの貧困

県外で可能な解決策示せ

（２０１６年２月27日）

子どもの貧困について、深刻な調査結果が発表された。

〈経済的な理由で過去1年間、必要な食料を買えないことがあった県内の子育て世帯は、ひとり親世帯で43％、両親がいる世帯でも25％に上っていることが、県が29日に公表した子どもの貧困実態調査結果で明らかになった。命を支える食事さえも十分に買うことができていない沖縄の子どもの貧困の深刻さが浮き彫りになった。県内８市町村のデータを活用して県がまとめた県内の子どもの貧困率は全国（16・３％）を大きく上回る29・９％と算出された。自治体が都道府県別に貧困率の数値を出すのは全国で初めて。県と研究チーム（統括相談役研究者＝加藤彰彦・沖縄大学名誉教授）などが29日、県庁で中間報告として発表した。結果の一部は県が作成している子どもの貧困対策推進計画に反映される。〉

（1月30日本紙電子版）

子どもの貧困率が沖縄で全国を大きく上回っている構造的要因を分析する必要がある。中央政府によって埋め込まれた構造化した沖縄差別は、米軍基地の過重負担、就労、教育などあらゆる面で現れている。子どもの貧困についても、中央政府には沖縄の状況を、自らの痛みとして共感する力が欠けている。沖縄の子どもたちが、沖縄の未来を担っていく。われわれは、先祖の沖縄人に対して、沖縄の子どもたちの生活を保障し、名誉と尊厳を持って生きていくことができる環境を整える責任がある。この責任は、県内に在住する沖縄人だけでなく、日本や全世界に住む沖縄人にとっても重要な課題だ。

筆者は、首都圏で活動するフードバンクを応援している。フードバンクの活動について農林水産省のホームページには、こう記されている。〈食品企業の製造工程で発生する規格外品などを引き取り、福祉施設等へ無料で提供する「フードバンク」と呼ばれる団体・活動がありま す。／農林水産省では、まだ食べられるにもかかわらず廃棄されてしまう食品（いわゆる食品ロス）を削減するため、こうした取り組みを有効に活用していくことも必要ではないかと考えています〉。沖縄でもこの活動をしている人たちがいる。われわれ県外に在住する沖縄人に、子どもの貧困の問題を現実的に解決するために何ができるかを、分かりやすく記した特集記事をぜひ、琉球新報に掲載してほしい。

そして、それを英訳して琉球新報ウェブサイトに掲載してほしい。全世界の沖縄人は、沖縄の子どもたちの状況をわがこととして受け止める。沖縄のマスメディアは、子どもの貧困を救済するための司令塔の一つになることができる。

不思議な質問

危険性を過小評価するな

（2016年3月5日）

宜野湾市長選挙後、東京の国会議員や政治部記者、有識者から奇妙な質問を受けることが多くなった。ニュアンスに若干の違いがあるとしても、「翁長雄志知事は、このままずっと辺野古移設反対で突き進むのでしょうか？　そうなると流血になります。死者が発生する可能性すら排除されないのではないでしょうか。そうなった場合、不幸になるのは沖縄県民ではないのでしょうか。政治はリアリズムに基づいてやるべきと思います。翁長知事が沖縄のアイデンティティーを重視することは分かります。しかし、このあたりで政府と折り合いをつけないと沖縄にとって不幸なことになります」といった類いの質問だ。

「あんた、何を寝ぼけたことを言っているんだ。あんたが言っていることは中央政府は沖縄人を殺してでも辺野古新基地建設を行うのだから、翁長もいい加減、虚勢を張るのはやめろという意味だろう。沖縄人の底力を軽く見るんじゃないぞ」と怒鳴りつけたいところだが、こういう質問をする人に悪気はないのである。だから問題の所在が分かるように、こんなふうに答えている。

「私も沖縄人の血が流れています。沖縄戦で私たちは日本に過剰同化してしまったために、沖縄人が沖縄人を殺すという深刻な過ちを犯しました。二度と同胞殺しは行わないという認識は沖縄人の間で共有されています。大民族である日本人は、カネもあり、インテリジェンス能力も高い。植民地経営のノウハウもあります。それだから、さまざまな手法で、辺野古新基地建設を推進するための尖兵としての沖縄人を雇うでしょう。そして、沖縄人と沖縄人が対立する状況をつくります。しかし、私たち沖縄人は、絶対に同胞殺しをしません。私たちは人数が少ないんです。殺し合う余裕はないんです。あなたたちが尖兵として利用できると思っている沖縄人も、いざというときになればサボタージュします。沖縄の地で絶対に同胞殺しだけは行わない。あなたが言うように中央政府が辺野古新基地建設を強行しようとすれば、流血になるかもしれません。しかし、その血に対する責任は、全面的に中央政府が負うことになります。中央政府が折り合いをつけるのは可能です。辺野古新基地建設を強行することをやめればいいだけです。辺野古新基地建設計画自体を撤回しなくても、中央政府と沖縄県が合意するまでの当面の間、建設工事を停止することなら、すぐにでもできるはずです。県内にも中央政府に過剰同化する人はいるでしょう。しかし、県内だけでなく、日本国内に居住する私のような沖縄人、また、米国、ボリビア、ペルー、ブラジルなど全世界の沖縄人の圧倒的大多数が、翁長知事の沖縄人のアイデンティティーを賭した、沖縄の名誉と尊厳を維持するために辺野古新基地建設を阻止するという闘いを支持しています。沖縄人は非暴力で闘います。しかし、それは日本国家の強大な力の前に私たちが膝を屈するということではありません。非暴力の徹底した不服従運動を、県内、日本、そして全世界の沖縄人が展開することになります」

こう筆者が答えると、質問した人は顔を引きつらせて、話題を変える。いずれにせよ、中央政府に流血と沖縄人に死者が発生することを視野に入れている人々がいることの危険を過小評価してはならない。

（2016年4月23日）

極限状態の辺野古

民主主義擁護の共通言語

21日、ある雑誌の企画で、哲学者の國分功一郎氏（高崎経済大学准教授）と対談した。その際、國分氏から、最新刊の『民主主義を直感するために』（晶文社）を頂いた。パリのデモ、民主主義について勉強するためのブックガイドや対談が収録されているが、最終章の「辺野古を直感するために」が最も興味深かった。

國分氏は、〈政治的な問題を考える時、最初にある率直な直感はとても大切である。人は何ごとについても直感を得るわけではない。したがって、たとえ事情に通じていなくても、「これは何かおかしい」という感覚が得られれば、それだけで貴重である。（中略）／いま辺野古で起こっていることについて、私は「これはおかしい」と直感していた。〉（231～232ページ）と記す。

國分氏のように「辺野古はおかしい」と直感する日本の有識者がどれくらいいるのだろうか。東京の書店の新刊書コーナーを見ると、沖縄に対するヘイト本が多数並んでいる。その中で、若手の哲学者として注目されている國分氏は、異質な言説を展開しているのだ。

國分氏は、辺野古新基地建設に関する認識につき、こう記す。

〈自分は大学で哲学を講じている者であり、民主主義についても著書がある。また、東京の地元では道路建設を巡る住民投票運動に関わった経験がある。自分はいま、辺野古に来てみて、ここに日本の民主主義の先端部分があると感じている。かつて、マックス・ウェーバーという社会学者は、国家を暴力の独占装置として定義した。辺野古では、そのような国家の姿がまさしくむき出しの状態で現れているのではないか。選挙で何度も民意を表明しても、国家はそれを平然と無視する。そしてその無視に抗議する住民たちを、暴力で抑えつけようとする。国家は暴力の独占装置であるが、普段はその姿を現しはしない。暴力は常に潜在的な脅威に留まる。実際に暴力が現れるのは極限状態においてである。暴力が実際に行使されているとすれば、それはその現場が極限状態にあるからだ。その意味で、辺野古は極限状態にある。そして、この辺野古の闘いとは、そうした極限状態において民主主義を守ろうとする闘いであろう。その意味で、ここに日本の民主主義の先端部分がある。〉（256ページ）

沖縄にルーツを持たない日本人にとって、辺野古新基地建設問題になぜ関わるのかという当事者性に関する認識は、とても重要だ。「沖縄がかわいそうだ」といった類の上から目線の同情論が、沖縄人に受け入れられないことが分からない日本のリベラル派の有識者があまりに多い。「かわいそうな状態」を作り出しているのは、誰なのかという問題に無自覚な日本人と共通の言葉を見いだすのは実に難しい。それに対して、辺野古は極限状況にあり、民主主義という普遍的価値が侵害されているので、それを守るための闘いに連帯していくという國分氏の言説ならば、日本人と沖縄人の間に民主主義の擁護という共通の言葉を見いだすことができると思う。

新たな沖縄差別政策

日本人に干渉資格ない

（2016年4月30日）

中央政府が沖縄に対する新たな差別政策を画策している。

〈沖縄の人々を「先住民族」とし、日本政府に琉球・沖縄の言語や文化、歴史の保護などを求めた国連勧告について、木原誠二外務副大臣は27日の衆院内閣委員会で「事実上の撤回、修正を働き掛けたい」と述べた。国連は、琉球王国があった事実を基に勧告しているが、日本政府はこれまでその判断を回避してきた。琉球・沖縄を巡る政府と国連の歴史認識などに隔たりが大きいことがあらためて浮き彫りとなった。宮崎政久氏（自民）の質問に答えた。

国連は2008年に沖縄の人々を「先住民族」と公式に認め、過去4回勧告を出した。14年8月には国連人種差別撤廃委員会が沖縄の人々の権利を保護するよう勧告する「最終見解」を発表し、法制を改正しての土地や天然資源に対する権利の保障措置を求めている。／10年には「沖縄における軍事基地の不均衡な集中は住民に否定的な影響がある」とし、「現代的形式の差別」と断じた。／対して日本政府は、日本にアイヌ民族以外に少数民族は存在せず、沖縄の人々は日本民族で、人種差別撤廃条約の適用対象にならないと主張している。〉

（28日本紙電子版）

宮崎政久氏は、沖縄を選挙区とする政治家だが、沖縄にルーツを持っていない。埼玉県立春日部高校の出身だ。筆者は同県立浦和高校の出身なので、少年時代は、似たような文化環境で育ったと思う。宮崎氏は司法試験に合格した弁護士だ。何か未知の問題に出会ったときは、その分野で定評のある基本書を数冊読むのは、法曹として常識と思う。民族について、アカデミズムにはさまざまな学説がある。

宮崎氏は、国際基準でも日本でもアカデミズムにおいて主流となっている民族理解を無視している。〈同日の委員会で宮崎氏は国連勧告を「県民もほとんど知らない状況で勝手に先住民族として扱われている」と強調し、政府に「責任を持って抗議をしてほしい。民族分断工作と言ってもいいようなことを放置しないでほしい」と述べ、国連への働き掛けを求めた。／これに対して、木原氏は豊見城市議会が国連勧告撤回を求める意見書を賛成多数で採択したことに触れ「これまでも政府の立場と異なる意見、わが国の実情を正確に反映していない勧告、意見についいては事実上の撤回、修正をするように働き掛けており、これからもしっかり行っていき

たい」などと述べた。〉(前掲本紙)

確かに宮崎氏は、沖縄人もしくは琉球人としてのアイデンティティーを持っていないのであろう。それは、同氏が日本人だから、当然のことかもしれない。しかし、それ故に沖縄人(琉球人)としてのアイデンティティーを持っていて、沖縄は自己決定権を持つと考えている人たちに「お前たちは日本人で、沖縄人ではない」と強要する資格はない。

特に沖縄にルーツを持たず、沖縄に植民してきた日本人から、われわれ沖縄人が「少数民族ではない」と押し付けられる筋合いはない。沖縄人が、民族なのかエスニック・グループ、あるいはロシア語で言うナロードノスチ(亜民族)であるかについては、われわれ沖縄人が決めることだ。日本人に干渉する権利はない。

鈍感な日本人

本格的地殻変動との溝

(2016年6月4日)

一人の沖縄人として、東京で生活し、仕事をしていることが、これほど辛《つら》く、かつ苛立《いらだ》ちを覚えたことはない。嘉手納基地に勤務する米軍属による「殺人」女性遺棄事件に関して、日本人の間に、同胞の中で起きた事件であるという認識が希薄であることが、新聞記事を読んでも、直接、国会議員や有識者と話をしても感じるからだ。例えば、明日、投開票が行われる県議会選挙に関する「朝日新聞」の記事を見てみよう。

〈自民は、普天間飛行場の名護市辺野古への移設計画をめぐって翁長氏と厳しく対立する。1月の宜野湾市長選では、安倍政権の支援を受けた現職の佐喜真氏が、翁長氏が事実上擁立した新顔に圧勝。今回の県議選では現在の13議席から伸ばそうと19人を公認した。党本部も地方選としては異例の支援をした。／そのさなかに起きた事件。逮捕後、県連幹部が集まり、事件への抗議を決める一方、「事件と選挙は別」と確認した。各陣営からは「県議選は地縁血縁」「影響はない」との声が多いが、県連幹部は「基地は嫌だという感情は、簡単に政府、自民党への批判につながる」と懸念する。〉（**2日「朝日新聞デジタル」**）

選挙戦について、自民党には、それなりの立場があるのだろう。問題は、〈各陣営からは「県議選は地縁血縁」「影響はない」との声が多い〉という内容を「朝日新聞」の記者は、客観報道として報じていることだ。保守であろうと革新であろうと、沖縄人が今回の「殺人」女性遺棄事件について、「県議選は地縁血縁」「影響はない」と認識しているとこの記事を書いた記者はほんとうに思っているのだろうか。そうだとするならば、この記者は、かなり鈍感だ。沖縄人の心理が分かっていない。選挙は戦いだ。自陣営に対して不利になるようなことは、マスメディアに対して言わない。

しかし、20歳の沖縄人女性の命が奪われたのだ。「殺人」は、他のいかなる事件とも位相を異にする。殺された人の人生は二度と戻ってこないのだ。このことから衝撃を受けていない沖縄人は一人もいないと思う。これは、保守とか革新とかいった政治的立場とは関係のない沖縄人の名誉と尊厳、アイデンティティーの問題なのだ。

被害者の父親は、筆者と同じ56歳だ。殺された娘のマブイ（魂）を探しに現場に出かけたという。この記事を読んで、筆者だけでなく、東京沖縄県人会に所属する沖縄で一度も暮らしたことがない複数の沖縄人も文字通り涙を流している。米軍基地の過重負担が、このような「殺人」女性遺棄事件が起きる構造的原因だ。中央政府は、それを一切是正せず、「少し時間が経てば、世論は忘れる」と考えている。そして、翁長雄志知事が、「全基地閉鎖要求」を中央政府に対して掲げることを心待ちにしている。

そうなれば、首相官邸、外務省、防衛省が「沖縄は感情的で話にならない。力を行使してでも辺野古新基地建設を強行しなくてはならない」という方向に舵を切る。その場合、日本の保守的世論は政府の立場を強く支持し、大多数の日本人は消極的に支持する。こうして、沖縄人を殺してでも辺野古新基地建設を強行するという流れがつくられる。

今回の米軍属による「殺人」女性遺棄事件を日本人は忘却するかもしれない。しかし、われわれ沖縄人は永遠に忘れないし、絶対に許さない。そして、二度と同胞女性が殺されないような枠組みの建設に向けて動き出す。当面は、在沖米軍基地過重負担の抜本的削減という要求になるであろうが、沖縄人の本心は全基地閉鎖であると筆者は認識している。沖縄で本格的な地殻変動が起きていることに対して、日本人はあまりに鈍感だ。

（2016年7月30日）

沖縄人同士の対立なくす

みんなで知恵を出そう

現在、高江で進行している事態についての記事を読むと胸が痛むし腹が立つ。その理由は二つだ。

第一に、現時点でヘリパッド建設作業を強行する必然性はないからだ。沖縄は沖縄人のものである。沖縄にとって死活的に重要な事柄は、沖縄人が決める。それだから、沖縄の民意が反対する辺野古新基地はできない。沖縄の民意に従って普天間飛行場は閉鎖される。そうなると米海兵隊は沖縄で「足」(移動手段)を持たなくなる。移動手段を持たない海兵隊部隊が沖縄に駐留する合理的理由があるだろうか? ないはずだ。

従って、必然的に海兵隊は沖縄を去ることを余儀なくされる。そうなった場合、海兵隊の訓練で使用されることが想定されている高江のヘリパッドはいらなくなる。沖縄と中央政府の間で辺野古新基地をめぐる交渉が行われている中で、中央政府の一方的立場に基づいたヘリパッド工事の再開は、信頼関係を破壊する行為である。

第二に、中央政府が沖縄人と沖縄人が対峙《たいじ》する状況をもたらしているからだ。高江に動員されている警察官の多くは沖縄人青年だ。警察官は、上司の命令に従う義務がある。上司が「高江に行って、異議申し立て運動をする人々を排除しろ」と命じれば、それに従わざるを得ない。外部に文句は言えない。筆者も元外務官僚で、服務規律の厳しい職場にいたので、自己の意に反する職務を遂行するときの苦しさが皮膚感覚で分かる。宗主国の利益のために地元民と地元民を対峙させるというのは、典型的な植民地主義の手法だ。

このような状況に対して、みんなで知恵を出して、状況を変化させる方策を考えてみなければならない。例えば、こんなことができないだろうか。

県警は、警察の民主的運営と政治的中立性を担保するという建前で県公安委員会の管理下にある。従って、翁長雄志知事が県警の指揮命令を行うことはできない。ただし、県公安委員会は県知事の所轄に置かれている。すなわち、県警の予算は県が決定する。このことを使って、高江で今回県警が行っている行動に関してかかる経費について、県が予算の執行を凍結することができないだろうか。公務員は、予算措置のついていない行為を行うことはできないはずだ。高江で起きている異常な事態をストップさせるために、県からも何らかの具体的な働き掛けを県警に対して行う必要があると思う。

これは、決して反警察的行動ではない。むしろ民主的運営と政治的中立性を確保するために県警を応援する活動だ。高江に仕事で行かなくて済むようになることで、ほっとする沖縄人警察官も少なからずいると思う。あらゆる場所にいる沖縄人の一人一人が少しだけリスクを負う腹を固め、知恵を出すことで、中央政府の思惑で沖縄人同士が対立する状況を無くしたいというのが、筆者の切実な想いだ。

要請主義

自己決定権尊重の立場に

（2016年9月3日）

日本人から「自分自身の問題として沖縄に向かい合う」「沖縄に寄り添う」などという言葉を聞くとカチンと来ていたが、今までは黙っていた。しかし、最近は自分の違和感についてきちんと述べるようにしている。だいたい、こんなやりとりになる。

相手「私は今後とも自分自身の問題として沖縄に寄り添っていきたいと思います」

佐藤「私は頭が悪いのでよくわからないのですが、日本人で、沖縄にルーツを持たないあなたが沖縄が『自分自身の問題』になるということについて、具体的に説明してください」

相手「………」

こういうことを言う人からまともな答えが返ってきたことがない。相手は気まずそうに話題を切り換える。稀《まれ》に感情的になって、こう切り返して来る人もいる。

相手「それじゃ、日本人は辺野古や高江の現状に対して、何もしない方がいいということですか」

佐藤「そんなことは言っていません。沖縄の友人が、『協力してくれ』と依頼してきたときは、あなたが出来る範囲で、カンパをする、激励文を書く、集会に参加する、現地に足を運ぶなどの行動をすればいいいと思います。外交の世界には要請主義という考え方がありまず」

相手「要請主義？　これまで聞いたことがありません」

佐藤「日本のＯＤＡ（政府開発援助）も要請主義に基づいて行われています。相手国の要請があって援助をするということです。日本が勝手に押し掛けていくことで相手にとってはありがた迷惑になることを避けるという知恵です。あなたが沖縄の自己決定権を尊重するならば、要請主義の立場に立つべきと思います。日本人のリベラル派や左翼と自認している人々が高江で沖縄人警察官を罵《ののし》るなどということに私は強い違和感も持っています」

相手「それじゃ、沖縄から要請されない限り、日本人は何もしない方がいいということですか」

佐藤「そうは思いません。あなたの足許《あしもと》でも出来ることはたくさんあると思います。少なくとも『琉球新報』か『沖縄タイムス』のうち1紙、可能ならば両紙を講読して、沖縄の状況について知る努力をすることです。無料の電子版ではなくてカネを払って紙か電子版を購入することが重要です。一般論として人間は吝嗇《ケチ》なので、カネを払った情報でないと頭に良く定着しません。その上で、あなたの選挙区から当選した国会議員に、辺野古や高江について、あなたがどうするべきと考えているかについて、手紙を書いて送るといいでしょう。志を同じくする人が数人いるならば、選挙区の国会議員に面会を要請し、あなたの考えを伝えることが重要です」

相手が筆者の言うことをどれだけ理解したかは、正直言ってわからない。しかし、沖縄人に沖縄人を対峙《たいじ》させるという中央政府の植民地政策に無自覚なままに日本人が「上から目線」で警備にあたる沖縄人警察官を口汚く罵倒することがあってはならないというのが筆者の考えだ。文句があるならば、高江や辺野古の警備をしている日本から「応援」（実際には沖縄県警に対する監視）に来ている日本人幹部警察官を捜し出し、「沖縄の治安維持は沖縄人に委《まか》せろ」と言えばいいと思う。日本人が日本人警察官の行動に異議申し立てや提案をすることは筋が通っていると思う。

母との約束

自己決定権強化に全力

（2016年9月17日）

2010年7月27日に私の母・佐藤（旧姓・上江洲）安枝は、さいたま市内の病院で死去した。その1週間前。面会に行くと、母は死期を察知していたのであろうか、「高校生時代に付き合っていた恋人と別れさせたことについて詫《わ》び」（偶然、その女性から出版社経由で数日前に、「死んだ父親の本棚を整理していたら、病床であなたの書いた雑誌論文に父が傍線を引きながら読んでいたことがわかったので、編集部経由で手紙を託す」と書いてあった。36年ぶりの連絡だった）、それに続いて「優君には、沖縄人と日本人の血が流れているのだから、沖縄と日本が仲良くするようにしてほしい。それだけをお母さんは願っている」と繰り返し言われたので、筆者は「分かったよ」と応えて約束した。

あの人は14歳の時に遭遇した沖縄戦の経験を一生引きずっていた。そして、沖縄に対する愛と日本に対する愛憎が交錯した感情について、「整理しないと」と決めて生きることにした。母の思いに応えることが日に日に難しくなっている。

辺野古、高江など中央政府の沖縄に対する差別が暴力によって展開されている現状に直面して、「お母さん、どうやったらウチナーンチュとヤマトンチュは仲良くなれるのか。知恵を出してくれ」と叫びたくなる。しかし、その思いをぐっと抑えて、言論を通じてできる仕事を、文字通り、命を懸けて行っているつもりだ。

母から与えられた宿題の一部を最近、形にした。久米島時代から母親が尊敬している先輩である大田昌秀氏（元知事）との対談集だ。そこで、沖縄独立論について、こんなやりとりがある。

〈**大田**　佐藤さんは、いま沖縄でさらに強まりつつある独立論について、どう考えていますか。

佐藤　連邦制の要求は必ずしもイコール独立論ではありません。私は現時点において独立論を前面に出すことはあまりよくないと考えています。なぜなら、沖縄の独立論者が言う沖縄独立と日本人が考える沖縄独立の意味内容が全然違うからです。われわれは一九五二年に日本から離されるという形で半ば「独立」させられたのです。日本人が言う独立論とは「沖縄を切り捨てる」ということです。日本には沖縄に対して宗主国としての責任を果たしてもらわなければならない。そう簡単に日本から出て行ってはいけないと思います。

いま何よりも確認すべきは、独立も含めて、「決めるのは沖縄人だ」という自己決定権です。その「沖縄人」とは、いま生きている沖縄人、あるいは沖縄県に住民票を置いている人だけではなく沖縄にルーツを持っている全世界の沖縄人、それから沖縄戦で死んでいった人たち。ソテツ地獄でソテツの毒にあたって死んだ人たち。琉球処分の時に清国に渡っていった脱清人たち。こういう人たちの魂も全部含めた過去、それからいまだ生まれていないこれからのウチナーンチュたち、歴史も未来も全部を含めた自己決定権です。

文化の中に政治も包み込む強力な自己決定権が、いま沖縄で形成されつつある。知事としてその道を切り拓《ひら》いてきたのが大田先生であって、その意味が二〇年後のいま、新基地建設や元米兵による女性の暴行殺害という痛ましい事件に直面して、あらためて位置づけられている。

大田　いまウチナーンチュの歴史に触れられましたが、私にとっては、何よりも沖縄戦の体験が大きかった。敗色濃厚な太平洋戦争末期に法律もないまま戦場にかり出され、半数が犠牲になった少年少女たち。私はこの人たちと共に戦場に出たので、沖縄の軍事化の固定は絶対に容認することはできなかったのです。〉**（大田昌秀／佐藤優『沖縄は未来をどう生きるか』岩波書店、２０１６年、２６４～２６５ページ）**

お母さん、僕は当面、沖縄の自己決定権を強化することに全力を尽くしたいと思います。この道を通して、沖縄人と日本人が「われわれは違うのだ」ということを知ることを通じて、仲良くなるようにしたいと考えています。

「土人」発言と構造的差別

松井知事に手紙を書こう

（2016年10月22日）

大阪府警に所属する日本人機動隊員の「土人」発言によって、日本の公権力が沖縄人と沖縄に対して持っている差別意識が顕在化した。首相官邸や警察庁幹部は「臭い物に蓋《ふた》をする」という姿勢で、早く問題を幕引きさせようとしている。あの連中の「悪かった、悪かった、本音を言ってバレたのが運が悪かった」という類いの釈明を絶対に受け入れてはならない。

確かに日本の植民者の利益を代表するあの機動隊員からすれば、沖縄人と沖縄の名誉と尊厳のために高江で異議申し立て行動をしているわれわれの同胞が「土人」に見えるのであろう。

われわれの父母、祖父母の世代の沖縄人が、日本人から「お前らはどこの土人だ」と侮蔑されたこと、沖縄戦で琉球語を話す沖縄人が日本軍人から「貴様ら、土人語で話してスパイ活動をしているのか」などと濡れ衣を着せられて殺されたことを、われわれが忘れたとでも思っているのか。筆者もその話はたくさん母（佐藤安枝、旧姓上江洲）、伯父の上江洲智克（通名久、元沖縄県人会兵庫県本部会長）から聞いた。「琉球新報」の電子版に掲載された動画で日本人機動隊員の暴言を聞いて、久しぶりに母の声、伯父の声が正確に甦《よみがえ》ってきた。

問題は、この暴言を吐いた機動隊員個人にのみ存するのではない。沖縄人を「土人」視する日本の警察の文化だ。そして、構造的差別をそのまま体現した大阪府の松井一郎知事の発言だ。引用するのも不愉快だが、日本でこの男の発言がどう報じられているか沖縄人同胞に知ってもらうためにあえて引用する。

〈沖縄県の米軍北部訓練場のヘリパッド移設工事現場に派遣された大阪府警の警察官が「土人」などと差別的な発言をした問題で、ツイッターで「出張ご苦労様」と警察官をねぎらう投稿をした大阪府の松井一郎知事は20日午前、記者団に「(警察官が)言ったことは悪いし反省すべきだ」と述べた。その上で、「間違った発言をすると、その人を特定し、鬼畜生、けだもののようにたたくのは違うと思う」と主張した。/松井氏は「現場で相手からも散々言われる中で職務しているわけで、国民すべてが1人の警察官をたたきまくると本当に落ち込む。だから一生懸命やっていたことは認めようということだ」と持論を語った。〉

（20日「朝日新聞デジタル」）

差別が構造化されている場合、差別者は自らが差別者であるというのを自覚しない。それどころか自らが被害者であると勘違いする。中央政府の政治家や官僚でも松井氏と同じ認識を持っている輩《やから》はたくさんいると思うが、それを隠す知恵があるだけだ。

構造化された差別を放置しておくと、われわれはいつまでも「土人」視される。それぞれの沖縄人が、できる方法で闘おう。沖縄出身の国会議員は質問主意書を提出して、この問題を徹底的に追及してほしい。県警の予算を執行するのは県だ。心ある県会議員が団結して、県に対して今回の差別事件の真相が究明されるまで、高江関連の警察予算の執行を停止するように要求してほしい。

筆者は作家だ。あらゆる機会を利用して、「土人」発言がもつ差別性について書いていく。さらに松井知事に本記事の写しを同封して手紙を書く。本紙読者にも松井知事に問題の深刻さを認識させる手紙を書くことを勧める。沖縄人一人一人は、大民族の日本人と比べれば微力かもしれない。しかし、決して無力ではない。「土人」発言によって露呈した日本による沖縄人と沖縄に対する差別を打ち破ろうではないか。

県警の沖縄人警察官のことを思うと筆者は胸がいっぱいになる。社会の治安と安全を守るのは重要な仕事だ。あなたたちを苦しい状況に陥れている日本の中央政府を筆者は憎み、呪う。

強くて優しい沖縄

差別脱構築に取り組む

（2016年12月31日）

今年もいろいろなことがあった1年だった。筆者は月に90くらいの締め切りを持ち、今年は20冊以上の本を出した。毎日が嵐のような日々だった。そして、この「このウチナー評論」が今年書く、最後の原稿になる。

この機会に「ウチナー評論」を読み返してみた。沖縄にとって、辛《つら》い事件、苦しい出来事も多かった。それとともに、沖縄と沖縄人が強くて優しいことを再認識した。沖縄を訪れたとき、県民大会の会場、会合の控室、ホテルのロビー、それに通りを歩いているときに、読者から声をかけられたことを思い出す。「佐藤さん、新報のコラム、読んでるよ。頑張ってね」「沖縄のためにもっと書いてな」と声をかけられる。

そのときにとてもうれしく感じるとともに、母が死ぬ前に病院のベッドに横たわりながら、「優君、あなたは沖縄と日本が仲良くなるために努力をしてね」と言っていたことを思い出す。

筆者が子どもの頃、「僕は将来、どんな仕事に就いたらいいの」と尋ねたら、両親ともに「それは優君自身が決めればいい」と答えた。筆者が「でもパパもママも僕になってほしい仕事があるでしょう」と尋ねると、父は「自分で一人立ちすることができる技術者になってほしい。そうすれば、どんな状況になっても食べていくことができる。政治と関わることだけはするな」、母は「新聞記者になって、真実を社会に伝える仕事をしてほしい」と答えた。

筆者の両親は共に戦争体験がある。父は1945年3月10日の東京大空襲で生き残り、その後、召集され中国に渡った。母は、14歳の時に陸軍第62師団（「石」部隊）の軍属となり、沖縄戦を体験した。

2人とも勉強が好きだった。しかし、戦争に翻弄《ほんろう》され、高等教育を受ける機会を得ずに、社会に出ることになった。両親は、筆者がよい教育を受ける環境を整えることに全力を尽くした。そして、さまざまな機会に旅行を勧めた。小学校6年生のときには、父が「沖縄が来年、復帰になる。その前の沖縄を優君は自分の目で見ておいた方がいい」と言って、母が親戚に手紙を書いて、夏休みの1カ月を那覇と普天間で過ごした。あの1カ月が筆者が沖縄人としての自己意識を持つきっかけになった。

高校1年生のときには、筆者がソ連・東欧を一人旅することを許してくれた。おそらく父の給与の2カ月分がかかったと思う。しかし、あの経験がなければ、筆者は世界に大きく目を向けることもなく、外交官という職業を選ぶこともなかったと思う。高校1年生のとき筆者が学んだのは、さまざまな言語を話すさまざまな民族の人々が生活する中東欧諸国とソ連の現実だった。このときの経験は、その後、沖縄と日本の関係を考える上でも、筆者に何らかの影響を与えたのだと思う。

沖縄と日本の関係は、今年1年で、さらに難しくなった。その責任は日本にあるのだが、人口の圧倒的大多数を占める日本人には、総人口の1％にすぎないわれわれ沖縄人の思いや、歴史に蓄積した澱《おり》や襞《ひだ》を理解できないというのは、国際基準で見れば、よくあることだ。それだから、沖縄人は「然りには然り、否には否」と自らの立場を明確に表明しないと、日本による沖縄に対する構造化された差別は続く。「沖縄と日本が仲良くなるために」、筆者は、「敵地」の中心である東京で、職業作家として構造的沖縄差別の脱構築に取り組む仕事を今後も続けていきたい。それが沖縄人である母の遺志を継承することになる。良いお年をお迎えください。

（2017年1月21日）

沖縄ヘイト番組

差別と偏見助長に異議を

今日は嫌な話について書く。東京メトロポリタンテレビジョン（MXテレビ）が2日に沖縄に対する差別と偏見を拡大する番組を放映したからだ。

〈番組は月曜午後10時から放送中の「ニュース女子」。東京新聞論説副主幹の長谷川幸洋氏が司会を務め、時事問題についてゲストが語り合う。番組のホームページには「物知りな男はカッコいい！　ここは、ニュースを良く知る男性とニュースをもっと良く知りたい女性が集う、大人の社交場」とある。地上波のローカル番組で、東京都内などで見ることができる。／1月2日の放送で、高江のヘリパッド問題について、軍事ジャーナリストの井上和彦氏が現地の様子を報告した。VTRの冒頭、井上氏は警察署前で抗議活動をしている人を遠くから眺め、「いました、いました。反対運動の連中がカメラ向けているとこっちの方見てます」とリポート。「近づくと敵意をむき出しにして緊迫した感じになりますので、このあたりでやめておきます」と伝えた。／米軍普天間飛行場の移設予定地の名護市辺野古では、抗議活動について車中から「定年を過ぎたような人たちばかりですね」。ナレーションが「万一逮捕されても生活に影響の少ない65歳以上のお年寄りを集め、過激デモ活動に従事させているという」と続いた。／井上氏がトンネル前に立ち「このトンネルをくぐると建設現場」と説明し、「反対派の暴力行為により地元の住民でさえ高江に近寄れない状況」とナレーションが流れる場面も。／ただ、このトンネルからヘリパッド建設現場までは直線距離で25キロ。この間ではリゾートホテルなどが営業し、一般の人も自由に行き来している。／また地元住民にインタビューし「（反対派が）救急車を止めて現場に急行できない事態がしばらくずっと続いていた」とも伝えたが、地元3村を管轄する国頭地区行政事務組合消防本部は朝日新聞の取材に対し「そのような事実はない」と答えている。〉**（18日「朝日新聞デジタル」）**

13日、放送倫理・番組向上機構（ＢＰＯ）の放送倫理検証委員会は、ＭＸテレビから報告を求めることを決めた。審議の対象にするかどうか、今後検討することになるが、事態の深刻さからして審議の対象にするのが妥当と思う。

それとともに深刻なのは、「東京新聞」論説副主幹の長谷川幸洋氏がこの番組の司会を務めていることだ。司会者は番組の構成にも関与している。さらにこの番組に長谷川氏は「東京新聞論説副主幹」という肩書で出演している。論説副主幹は、「東京新聞」の社論を形成する立場にいる。「東京新聞」は、東京で多くの読者に読まれている新聞の中では、沖縄の現状をできるだけ深く、虐げられている人々の立場を伝えるという報道姿勢を取っている。その新聞社の論説幹部が、事実と異なる内容で沖縄ヘイト（憎悪）言説を、地上派で拡散していることは看過できない。

東京の地上波局がこの種の沖縄へイト番組を放映したのは、筆者が知る限り、今回が初めてだ。沖縄人がMXテレビによる沖縄へイトに対して異議申し立てをしないと、東京の他の地上局にもこの種の番組が拡大する恐れがある。筆者は「東京新聞」に連載コラムを持っている。27日掲載予定のコラムに長谷川幸洋氏が、沖縄へイトに関与していることについて、どのような認識を持ってるかについて、「東京新聞」の姿勢を明確にしてほしいと要請するコラムを書こうと思っている。

（2017年3月11日）

大城立裕氏の「辺野古遠望」

処分構わぬ異民族視突く

沖縄を巡るさまざまな政治問題について、筆者は政治を文化に包み込むことが重要と考えている。大城立裕氏が『新潮』2月号に掲載した「辺野古遠望」という作品が、沖縄の文化と政治の関係を考える上でとても有益である。

この作品を精読すると、辺野古新基地建設問題が原因で沖縄と日本の関係が悪化したという結果をもたらしたという認識が間違っていることがよく分かる。沖縄と日本の歴史的関係、さらに日本による沖縄差別の構造が原因で、辺野古問題はその結果なのである。大城氏は沖縄の日本復帰を振り返り、こう述べる。

〈かつて――日本復帰のすこし前のことであったが、こんなことを書いた。

「琉球の日本への同化の機会が、歴史上三回あったが、いずれも挫折した。第一の機会は十七世紀の薩摩の侵入。三百年の植民地支配のうちに文化の面でかなりの同化があった。ただ、政治支配の過酷さが真の同化を許さなかった。第二の機会は琉球処分とよばれる日本への併合で、その後に生じたのは差別とそれへの反応としての劣等感、僻みであった。第三の機会は沖縄の戦争で、学徒隊の悲痛な努力に見られるように、同化をめざして命がけでたたかったが、講和条約では同化を拒否されるように裏切られた。第四の機会が祖国復帰であるが、それが成功するかどうかは、これからの宿題である……」

祖国復帰――施政権返還の運動が燃えていたころ、私は右の宿題をかかげて、日本復帰にはいろいろのデメリットもあるかもしれないが、と治外法権の撤廃だけに復帰の意義を賭けた。ところが今日なお治外法権は揺るぎがない。それと同趣旨のように、辺野古の押し付けがある。〉

辺野古新基地建設という可視化された形態で、日本は沖縄人の同化を拒否しているのである。このような現実を正面から見据えずに、沖縄差別は存在せず、問題は在日米軍基地負担の不平等にあるという日本の中央政府を「思いやる」言説を沖縄人が展開しても、日本は沖縄人を対等な同胞として受け入れない。大城氏はこの現実を冷徹に見据えている。そしてそこに歴史の反復現象を見る。

〈――四一年前に琉球処分官の辞令を受けての、松田道之の涙ぐましいほどの努力を、私はいまの官房長官などの態度にかさねて思うことがある。日本の廃藩置県の直後、琉球の併合を遂げるべく五年間に三回来て、そのうち明治八年のときなど二か月も居座って、ほとんど毎日のようにせっせと、王府の為政者たちに手紙を書いた。植民地獲得のエネルギーとはかくなるものかと、言うところだ。国内軍事植民地をつくるための琉球処分であったと見れば、その伝統が今に生きていて、官房長官が辺野古問題に触れるたびに、松田道之を真似るように「辺野古移設しかない」と粛々と述べているに過ぎないのだ。自民党の前の幹事長は、「琉球処分と言われようが、どう言われようが」と堂々と開きなおって言っていた。

彼らは沖縄を処分して構わない異民族としか見ていない。

彼らの動機の基本は日米安保条約におけるアメリカの権益にたいする遠慮であって、その傘の下でみずからの安全を享受している。これこそ恥も外聞もかなぐり捨てて、アメリカに遠慮しているということだ。琉球処分は植民地獲得のためであったが、こんどは「植民地」の何だと言えばよいのだろう。〉

「彼らは沖縄を処分して構わない異民族としか見ていない」という大城氏の指摘が事柄の本質なのである。この現状認識から出発しなくてはならない。

危機と無関心
沖縄への暴力抑止に団結を

（2017年4月22日）

東京の政治エリート（国会議員、官僚）とマスメディア関係者の雰囲気がおかしい。現在、朝鮮半島情勢が、東西冷戦終結後、もっとも緊張し、危機的状況にあることは間違いない。それにもかかわらず、現状を冷静に観察することを避けている。

例えば、北朝鮮が大量のサリンを製造しており、それが弾道ミサイルに装填《そうてん》され、周辺国を攻撃するというような言説が流布されている。しかし、過去にサリンが弾道ミサイルに装填されて使用されたという事例を筆者は聞いたことがない。サリンは熱に弱いので、弾道ミサイルに装填しても効果がないというのが通常の見方のはずだ。政府高官が、サリンを搭載する弾道ミサイルを発射するというような発言をした場合、マスメディアは技術的根拠についてただすべきと思う。

筆者は外務省で、情報部局にいた。日本政府が最悪情勢のシミュレーションをしていることは間違いない。筆者のところにも、断片的に情報が入ってくる。しかし、パニックを煽《あお》るような言説を展開することは避けるように気をつけている。マスメディア関係者のほとんども、日本社会にパニックを引き起こすような報道を行うことは避けている。しかし、何とも表現しがたい不安が、政治エリートとマスメディア全体を包んでいる。

その過程で、沖縄に対する無関心が一層加速している。15日の「朝日新聞」朝刊は、

〈政府は来週にも、米軍普天間飛行場（沖縄県宜野湾市）の移設先とする同県名護市辺野古の沿岸部を埋め立てる護岸工事に着手する方針を固めた。辺野古での埋め立て工事は初めて。1996年の日米両政府による普天間返還合意から21年を経て、移設計画は大きな節目を迎える。／複数の政府関係者が明らかにした。護岸工事は辺野古の埋め立て予定

地を囲む堤防を造るもので、新たに建設する飛行場の一部になる。大量の石材などが海底に投じられ、原状回復は困難になる。政府は今年度内にも堤防の内側に土砂を投入する本格的な埋め立てを始める予定で、向こう5年間で工事完了を目指す。〉

と報じた。

中央政府のこのような強硬策に対し、政治エリートも大多数の日本人も無関心だ。朝鮮半島情勢の緊張で、無意識のうちに「沖縄は国防の島としての機能を積極的に担うのは、日本のために当然だ」と考えているからと筆者は見ている。

辺野古の埋め立てについて、中央政府は政治判断を一切加味せずに、ルーティーンとして行っていくことになる。実は官僚の暴力性は、機械のようにルーティーンで作業を行うときに発生しやすい。

中央政府は、大量の土砂を海底に投入すれば、「もはや打つ手がない」と沖縄人が、脱力感に襲われ、辺野古新基地建設を容認すると勘違いしている。暴力を背景にした中央政府が、辺野古の海に土砂を投入することは、物理的に可能だろう。しかし、土砂を、将来、沖縄人が海底から取り去り、100年かけても200年かけても、辺野古の青い海を取り戻すという単純な事実が東京の政治エリートにはわからないようだ。

大多数の日本人の無関心を背景に中央政府が沖縄に対する暴力を加速する状況に対して、県内、日本、全世界に住む沖縄人が団結し、沖縄の自己決定権強化に向けて、今、小さなことでもいいので、自分ができることを形にする必要があると思う。

抵抗と忍耐

沖縄人同士の対立避けよ

（2017年4月29日）

25日、政府は辺野古（沖縄県名護市）の海に堤防を造成するために土砂の投入を始めた。政府は、大量の土砂を海底に投入すれば、「もはや打つ手がない」と沖縄人が、脱力感に襲われ、辺野古新基地建設を容認すると勘違いしている。

ここ数日、筆者は、2010年7月に他界した母（佐藤安枝、旧姓上江洲、久米島の字西銘出身）が生きていたならばどう言うだろうかと考えている。母の膝の上で抱えられていた幼児の頃から、母は沖縄に関する問題については、自分の意見を筆者に伝えていた。それだから、母が死んだ後、沖縄で起きたことについても、母が何を言うかはだいたい想像がつく。

母は、まず「ばかにしやがって」と言って、一呼吸おく。そして、「あいつらは、土砂を辺野古の海に投げ入れても、沖縄がそれを力で止めることはないと思っている。調子に乗っている」と続ける。

その上で、「絶対に諦めたらだめだよ。あいつらが海を埋め立てても、コンクリートで滑走路を造っても、必ず沖縄の力で、滑走路を壊し、土砂を海から引き上げて、辺野古の青い海を取り返す。100年かかっても200年かかってもそれを実現する。優君は作家で、表現することが仕事なのだから、沖縄がこの埋め立てを許さず、辺野古の青い海を回復することを絶対に諦めないということを主張し続けるんだよ」と言う。

それと同時に、涙をためて、沖縄戦の時の話をする。そして母は筆者に「あのときみたく、沖縄人が沖縄人を殺すようなことを絶対に繰り返したらだめだ。我慢しないと。忍耐しないと。絶対に沖縄人同士が殺し合ってはいけない」という意向を強く伝えると思う。

中央政府、特に自らの手を汚すことを嫌う外務官僚は、日米同盟の強化という口実で、実は辺野古新基地建設を陰でもっとも熱心に画策している。元外務官僚だった筆者は、外務省の組織文化を熟知しているので、誤魔化《ごまか》されることはない。

外務官僚や防衛省の幹部は、辺野古の現場には出てこない。新基地建設の現場で、異議申し立てを行う沖縄人や日本人にもっぱら対峙《たいじ》するのは、沖縄人の警察官や警備員だ。埋め立て工事の現場でも、沖縄人が辺野古の海を埋め立てる汚れ仕事に従事させられる。こうして、沖縄人が沖縄人と対立する構造を中央政府は作り上げている。

中央政府は、政治的判断を一切加えずに埋め立て工事を、いわばルーティーンとして行っている。以前にもこのコラムで指摘したが、ルーティーン業務を妨害する者を、官僚は機械的に排除する。中央政府から見て、逸脱行為があるならば、暴力を行使することも躊躇《ちゅうちょ》しない。

このような状況で、沖縄人の一人一人が、忍耐力を持って、絶対に諦めず、さまざまな形態で抵抗を続けていくことが重要と思う。中央政府は、沖縄社会を分断できると勘違いしているようだが、こういう理不尽な仕打ちに対して、沖縄社会は一層結束を強めることで、中央政府に対抗することになるであろう。

大田昌秀氏の言葉

自己意識変える力に

（2017年6月17日）

大田昌秀氏が亡くなった現実をまだ受け入れることができない。那覇の事務所を訪ねると大田氏は、いつも「ああ君か。夜は空いているか」と声を掛けてくれた。大田氏の影響を受けて、筆者もシーバスリーガルのソーダ割りが好きになった。行きつけの粟国島出身の女将《おかみ》さんがおいしい豆腐料理を出してくれる店、ホテルのバーなどで大田氏から聞いた話がよみがえってくる。そのうち5つの話を紹介したい。

第1は「たらい回し」の話だ。米海兵隊普天間飛行場の移転先として、辺野古の名前が上がったときだ。訪ねてきた辺野古の女性たちが大田氏の前で、頭にたらいを乗せて回し始めた。そして「基地をたらい回しにするのか」と詰め寄った。このときに大田氏は「人口密度や事故の確率論で、基地問題を考えてはいけないということを深く自覚した」と言っていた。一人一人の生命の価値は等価だ。だから知事として、基地のたらい回しだけは絶対しないと誓ったと大田氏は筆者に述べた。

第2は徹底した非暴力抵抗運動だ。「暴力を行使するのは国家権力の弱さの印だ。沖縄は、これに対して徹底的な非暴力抵抗運動で対抗する。暴力を排除するというところに沖縄の強さがある。インドでマハトマ・ガンジーが英国からの独立を獲得できたのも非暴力の力をよく分かっていたからだ」と大田氏は言っていた。

第3は大田氏の唯一の後悔についてだ。「県知事と参議院議員をやる順番が逆だったらよかった。知事のときに僕は、国の論理を皮膚感覚でよく分かっていなかった。また（中央）政府の仕組みも、人脈もよく分かっていなかった。もし先に参議院議員をやって、それから知事になったら、もっとうまく国に対して切り込むことができた。君のところに志を持った沖縄の若者がいろいろ相談に来ると思うが、外務省や防衛省、財務省など国の役所で10年くらい仕事をしてから沖縄に戻ってくることを勧めてほしい」と大田氏は言っていた。

第4は琉球語についてだ。筆者が「半田一郎先生（東京外国語大学教授、琉球大学教授を歴任）について琉球語の勉強を始めた」という話をした。大田氏は「僕たちの世代は標準語を話せという強い圧力にさらされた。悲しいことに僕は方言を聞くことができるが、うまく話すことはできない。きみが方言を勉強するというのはとてもいいことだ。若い世代が沖縄の言葉を回復しなくてはならない」と言った。

第5は筆者の個人的な事柄だ。「きみは久米島の子であり沖縄の子だ。そのことを忘れるな。あの戦争をくぐり抜けたお母さん（佐藤安枝、旧姓上江洲）の想《おも》いを継承しろ。沖縄差別と徹底的に闘ったカミエスさん（上江洲智克、通名・久、沖縄県人会兵庫県本部会長を長く務めた。安枝の兄）の想いを継承しろ。僕はカミエスさんに説得されたから知事選挙に出たんだ」という話を、大田氏は10回以上、筆者にした。

筆者の自己意識が沖縄系日本人から日本系沖縄人に変容する過程で、大田先生から受けた影響は大きい。大田昌秀先生の言葉が筆者の人生を変えたのだ。

二重の植民地

空虚な「沖縄に寄り添う」

（2017年7月29日）

26日に行われた大田昌秀元知事の県民葬には、招待状を頂いたが、結局、出席しなかった。26日早朝まで迷っていたが、自分の心の中にあるわだかまりをどうしても克服することができなかった。あえて固有名詞は挙げないが、日本の中央政府の複数の幹部が県民葬に招待されているという報道に接した瞬間から、心の中にわだかまりが生じ、それがどんどん大きくなってきた。

中央政府の幹部が大田氏の遺影の前で、きっと「われわれもあなたの遺志を受け、沖縄の基地負担軽減のために努力する」というようなことを言うであろう。そのとき思わず不規則発言（いわゆるヤジ）を自分がして、式典に悪影響を与えるのではないかということが怖くなったというのが正直なところだ。

過去3年くらい、大田氏がいつも筆者に述べていたのは「日本に復帰したことが本当に沖縄にとって良いことだったのか。僕たちは間違った選択をしてしまったのではないか。復帰によって沖縄は米国と日本の二重の植民地になってしまったのではないか。僕たちは沖縄独立論者の主張をあまりにも軽く扱ってしまったのではないか。ハワイに住む沖縄人同胞の方が、日本の本質をよく分かっていたのではないだろうか」という話だった。

　大田氏がこういう話を中央政府の政治家や官僚と率直にしたことがあるかどうか、筆者は大田氏に尋ねたことはない。筆者の印象では、大田氏はそういう話をしなかったと思う。「日本復帰が過ちだったのではないか」ということまで踏み込んで話をするほどの信頼関係を大田氏は日本の政治エリートと構築することができなかったのではないかと思う。なぜなら、大田氏が気配りの人だったからだ。政敵であっても、相手の胸にグサリと刺さるような言葉は、あえて用いなかった。

　母は大田氏と同郷の久米島出身の沖縄人だが、父は東京出身の日本人だ。当然、私は沖縄人と日本人の複合アイデンティティーを持っている。ただし「日本人か沖縄人かどちらか一つを選べ」ということを強いられた場合は、無条件に沖縄人を選ぶ。私のアイデンティティーが、沖縄系日本人から日本系沖縄人に変容する過程で、大田氏から「日本復帰が過ちだったのではないか」と問い掛けられたことの持つ意味はとても大きい。

　日本人は、沖縄と沖縄人のことを、表面的には理解できても、深いところではどうしても理解できない。中央政府高官の沖縄に寄り添うような空虚な言葉が沖縄人をどれだけ傷つけているかについて、日本人はあまりに鈍感だ。県民葬で大田氏の友人代表としてあいさつした比嘉幹郎元副知事が「今後とも県民に対するいかなる差別や犠牲の強要にも反対する」と述べた。

この記事を本紙で読んで、沖縄人に対するいかなる差別や犠牲の強要にも反対し、二重の植民地状態を脱構築するための努力を続けることが大田氏の遺志を継ぐことであると決意を新たにした。筆者は職業作家だ。書くことで祖国・沖縄のために尽くしたい。

オスプレイ飛行自粛

詐術と差別満ちた政府

（2017年8月12日）

中央政府が県民の生命と安全を考えていないことがよく分かった。5日、米軍普天間飛行場所属の垂直離着陸輸送機MV22オスプレイが豪州で墜落し、乗員のうち3人が死亡した。極めて深刻な事故だ。しかし、わずか2日後の7日に沖縄でオスプレイが飛行を再開した。〈当初は、米軍が日本政府の飛行自粛要請を無視し、飛行を強行したとみられていた。だが、そうではなかった。政府は「運用上必要なものを除く」との条件を付けていたのである。これでは、飛行再開を米側に促したも同然だ。〉**（9日本紙社説）**。

この社説の指摘の通りだ。そもそも軍用機を遊びで飛ばすことはない。運用に必要だからオスプレイは飛んでいるのだ。「運用上必要なものを除く」という条件を普通の言葉に言い換えれば「どうぞ自由に飛んでください」ということだ。前出の社説は、政府の姿勢を〈気脈を通ずる日米両政府が「運用上必要なものを除く」との条件を意図的に付けた可能性がある。「日米共犯」の飛行再開は看過できない。強く抗議する。／オスプレイの飛行再開の口実を米側に与えていたことを直ちに説明しなかった小野寺五典防衛相の姿勢は不誠実極まりない。小野寺氏が国内での飛行自粛を米軍に求めたのは、要請自体が目的だったと疑わざるを得ない〉と厳しく批判する。その通りだ。

中央政府は稚拙な詐術で沖縄人をだまそうとした。重要なのはその背後に中央政府関係者だけでなく、多くの日本人が持つ沖縄に対する構造化された差別意識があることだ。仮に東京の横田基地にMV22オスプレイの拠点基地があったとする。それならば、今回のような事故があった場合、中央政府はもっと厳しい反応を取るはずだ。安倍政権の本質はポピュリズムだ。豪州で死亡事故を起こした軍用機の東京での飛行を認めるならば、マスメディアがそれを厳しく批判し、世論も激高する。当然、内閣支持率が劇的に低下する。こうなるのが嫌だから中央政府は米軍に対して本気で飛行停止を要求する。対米従属論に立つ論者は「東京にオスプレイが配備されていても、日本政府は何も言えない」というようなことを言うであろうが、それは間違いだ。筆者は外務官僚として、イラン問題やロシア問題、ミャンマー問題などで、日本政府が米国の意向と対立する決断をした過程を見てきた。また自民党の国会議員には対米自立意識が強いことを皮膚感覚で知っている。真に「われわれの事柄」と外務官僚や政治エリートが認識した場合、米国に対しても異議申し立てを行う。そして米軍も日本政府の意志に従わざるを得ない。

今回の小野寺氏の詐術は、防衛省と首相官邸が組織ぐるみで行ったものだ。この人たちは、沖縄と沖縄人を「われわれ」の一員と思っていない。この姿勢はマスメディアや日本の世論にも共通している。

沖縄人の生命と安全を保障するためには、二つのことが必要だと思う。一つ目は構造化された沖縄差別と闘っていくことだ。二つ目は、沖縄と沖縄人を守ることは、われわれ沖縄人にしかできない。この認識に立って自己決定権の確立に向けた動きを加速することだ。

「非核三原則」変更の可能性

沖縄配備は容認できず

（2017年9月9日）

6日、「テレビ朝日」の番組で、自民党の石破茂元幹事長が、北朝鮮による核実験を踏まえ、日米同盟の抑止力向上のため、日本国内への核兵器配備の是非を議論すべきだとの考えを示した。

本紙は、7日の社説で、

〈日米両国は沖縄返還交渉時に、核兵器の再持ち込みに関する密約を交わしている。石破氏の発言は、沖縄への核兵器持ち込みの是非を議論するということになる。議論するまでもない。断固拒否する。／石破氏は、米軍核兵器の配備に対する日本国民の反感は理解できるとし「感情的には持ち込ませないのがいいに決まっている」とも語った。では、なぜあえて核兵器配備を口にしたのか。／核兵器を使えば、人類の存亡や環境にとって不可逆的な地球規模の被害をもたらす。そもそも非人道的な兵器に、人類の安全保障を依存することと自体がおかしい。〉

と批判した。当然のことと思う。

石破氏の発言は「非核三原則」（核兵器もたず、つくらない、もちこませず）のうち「もちこませず」を外し、「非核二原則」とするという考えに基づいている。石破氏がこの発言をした背景にはこんな認識があると筆者は見ている。

《北朝鮮は先月29日に日本の上空を飛翔する弾頭ミサイルを発射し、今月3日には大規模な核実験（水爆実験の可能性もある）を行った。今後も北朝鮮は挑発を続ける。トランプ米大統領は北朝鮮に対する武力攻撃に言及しても、100万人以上の死者が想定される第二次朝鮮戦争を引き起こすような事態は避ける。そう遠くない時期に米朝二国間交渉が始まり、北朝鮮が北米大陸に到達する大陸間弾道ミサイル（ICBM）の開発を断念すれば、米国が北朝鮮の核兵器と中距離までの弾道ミサイルの保有については認めるという妥協が成立するかもしれない。そうなると北海道から沖縄までの日本全土が北朝鮮の核ミサイルの射程圏内に収まる。対抗措置として日本の核武装は非現実的なので、「非核三原則」を崩し「非核二原則」によって抑止力を高めるしかない。》

しかし、米国は核兵器の配置場所を公表しないので「非核二原則」では抑止力強化にならないと考える人が出てくる。そして自衛隊が米軍の核兵器を共同運用する、すなわち「もたず」を部分的に緩和する「非核一・五原則」という構想が出てくるかもしれない。

現在、日本の政治エリートは、北朝鮮に対する制裁を強化し、トランプ大統領が武力攻撃カードをちらつかせれば、北朝鮮はひるむと考えているようだ。しかし、これは希望的観測にすぎない。北朝鮮に核兵器を外交手段で廃絶させることは現実的に考えて不可能だ。

そうなると第二次朝鮮戦争に発展するリスクが極めて高い米軍による北朝鮮への空爆か、米国が大幅に譲歩し、北朝鮮の核保有を認め、平和解決をするという二つのシナリオに絞られてくる。戦争になれば、在日米軍専用施設の70％が所在する沖縄も攻撃対象になる。平和解決の場合は、核抑止力強化のために沖縄への米軍核兵器の配備を中央政府が米政府に要請するという状況が生じる。

いずれのシナリオも沖縄は受け入れることができない。数年以内に中央政府は「非核三原則」見直しを検討すると筆者は見ている。この議論が本格化するに「非核化に関する県民投票」を行い、沖縄の総意として核兵器の沖縄への配備に反対する意志を明確にすることを考えた方がいいかもしれない。

米軍ヘリ炎上

可視化された負担強化

（2017年10月14日）

11日、高江の民間地で発生した米軍のヘリコプター炎上事故については、沖縄の新聞の扱いと比べれば、はるかに小さいが全国紙でも扱われている。この種の問題に関する報道では「朝日新聞」の世論に与える影響が大きいので引用しておく。

〈沖縄県東村《ひがしそん》で米軍の大型輸送ヘリコプターCH53が不時着、炎上した事故に地元が強く反発している。繰り返される事故に野党各党も批判を強めており、衆院選の沖縄での戦いに影響するのは必至。基地問題の争点化は避けられず、政府与党は防戦に追われている。／「悲しさや悔しさ、怒りを感じる。こんな状況を国に強いられていることが、沖縄にとっては国難だ」／沖縄県の翁長雄志《おながたけし》知事は12日、東村高江のヘリ炎上現場を視察後、安倍晋三首相が衆院解散の理由として挙げた「国難」という言葉を使って、政府への不信感をあらわにした。〉**（12日「朝日新聞デジタル」）**

「朝日新聞」は、今回の事故を衆議院議員選挙（総選挙）との文脈で見ている。この視座自体に問題がある。今回の不時着は、東村の県道70号沿いの民間地で起きた。北部訓練場近くの牧草地だ。２００メートル離れたところに住宅がある。県民の生命が危険にさらされたのである。政府には国民の安全を守る義務がある。しかし、その義務を現在の政府は果たしていない。その事実を翁長知事は「国難」という言葉で示したのだ。

12日、本紙は社説で、〈そして昨年12月の北部訓練場過半の返還を記念した式典で、菅義偉官房長官は「今回の返還は日本復帰後最大の返還であり、沖縄の米軍施設の約２割が返還され、沖縄の負担軽減に大きく寄与する」と強調した。／しかし、菅氏の言う「負担軽減」の結果、高江集落で騒音が増大し、住民生活に重大な影響を与えている。今回はヘリまで炎上した。これが現実だ。安倍政権にとっての「負担軽減」とは「負担強化」の言い換えにすぎない。／海兵隊は今回の事故について「飛行中に火災が発生し緊急着陸した」と発表した。映像や写真を見ても「緊急着陸」と表現するのには無理がある。昨年の名護市安部のオスプレイの墜落を「緊急着水」と情報操作したことと重なる。〉と指摘した。

筆者もその通りと思う。現政権の沖縄の「負担軽減」が「負担強化」であるという事実が今回のヘリコプター炎上事故で可視化された。しかし、それが沖縄以外の日本では、総選挙の大きな争点とならない。この現実に、日本の沖縄に対する構造化された差別がある。

筆者が繰り返し述べていることであるが、差別が構造化されている場合、差別をしている側は自らが差別者であることを自覚していないのが通例だ。日本の政治家もマスメディア関係者も、今回のヘリコプター炎上事故は、日本の陸地面積の0・6％を占めるにすぎない沖縄に在日米軍専用施設の70％を負担させるという不平等で差別的な中央政府の政策がもたらしたものであるという現実を直視しない。

日本人の「良識」に期待することは幻想だ。沖縄が自己決定権を強化し、われわれの祖国である沖縄を沖縄人の力で守るしか術がない。22日の総選挙では、沖縄に降りかかっている「国難」を克服できる政治家を国政に送り出してほしい。

テロ支援国家再指定

沖縄の戦場化回避を

（2017年11月25日）

20日、米国が北朝鮮をテロ支援国家に再指定した。これに対して北朝鮮が激しく反発している。

〈北朝鮮外務省の報道官は22日、米政府によるテロ支援国家再指定について「わが国に対する重大な挑発だ」と非難し「米国の敵対行為が続く限り、われわれの抑止力はさらに強化される」として、核・ミサイル開発を続ける方針を改めて強調した。朝鮮中央通信が伝えた。再指定について北朝鮮が反応を示したのは初めて。／北朝鮮の朝鮮アジア太平洋平和委員会も同日、報道官声明を発表し「米国が望まない報復につながりかねない」と警告、再指定撤回を要求した。／外務省報道官は「わが国はいかなるテロや、それに対する支援にも反対する一貫した立場を堅持している」と反論した。〉**（22日本紙電子版）**

北朝鮮情勢に通じた元外務省幹部によると外務省が米国とともに作成した朝鮮戦争のシミュレーションの結果は次の通りだ。「北朝鮮が韓国を奇襲攻撃した場合、ソウルは2日で陥落し、約35万人の死者が発生する。その後、2カ月で米軍が北朝鮮全土を制圧するが、北朝鮮の死者は韓国の数倍になる」。

常識的に考えれば、100万人以上の死者が想定される米朝戦争が勃発《ぼっぱつ》する可能性はない。しかし、歴史においてはしばしば非常識な出来事が起きる。

北朝鮮にとって重要なのは金正恩一族によって代表される国家体制の基本原理を護持することだ。今後、米国が金正恩・朝鮮労働党委員長とその一族の資産を凍結し、この一族との経済活動を行った政府や企業に対する制裁を行うという方針を示すと、北朝鮮が暴発する可能性がある。

北朝鮮政府が運営するポータルサイト「ネナラ」（朝鮮語で「わが国」の意味）は、11月21日付で朝鮮中央通信を引用し、〈いったん、朝鮮半島で戦争が起これば日本も絶対に無事ではない。／日本にある米国の侵略基地と共に戦争に動員される日本の全てのものがこっぱみじんになりかねない。／日本が軍国主義の馬車に乗って暴走するほど、自滅のどん底にいっそう深く陥る結果しか得られない〉と報じた。

第2次朝鮮戦争が勃発すれば、米国を中核とする朝鮮国連軍に全面的協力を行うことを約束した「朝鮮国連軍地位協定」を締結している日本も北朝鮮の弾道ミサイルと工作員によるゲリラ戦の対象になる。

米軍横田基地に所在する朝鮮国連軍後方司令部には、ジャンセン司令官（オーストラリア空軍大佐）他3人が常駐しているほか、8カ国（オーストラリア、英国、カナダ、フランス、トルコ、ニュージーランド、フィリピン、タイ）の駐在武官が朝鮮国連軍連絡将校として在京各国大使館に常駐している。

〈現在、朝鮮国連軍は、国連軍地位協定第5条に基づき、我が国内7か所の在日米軍施設・区域（キャンプ座間、横須賀海軍施設、佐世保海軍施設、横田飛行場、嘉手納飛行場、普天間飛行場、ホワイトビーチ地区）を使用することができる。〉**（外務省ホームページ）**

戦争になれば、北朝鮮が県内の嘉手納飛行場、普天間飛行場、ホワイトビーチ地区を攻撃する可能性が十分ある。沖縄が再び戦場となることを絶対に避けなくてはならない。戦争を阻止するために全力を尽くさねばならない。

米軍ヘリ窓落下

構造的差別の視点欠如

（２０１７年12月16日）

米軍ヘリ事故に関し、全国紙の報道姿勢に変化が出ている。
14日の「産経ニュース」は、

〈上空から重さ7・7キロの米軍機の窓が小学校の運動場を直撃した。普天間飛行場を抱える沖縄県宜野湾市で13日、再び起きた落下物事故。運動場にいた約60人の児童からは十数メートルの距離だった。7日には近くの緑ヶ丘保育園に円筒形の物体が落ちたばかり。沖縄に司令部のある在日米海兵隊は「地域に不安を引き起こしたことを謝罪する」との声明を出した。（中略）上空から窓が落下した午前10時すぎ、運動場では4年生と2年生が体育の授業で、鉄棒や縄跳びをしていた。「謎の物体が回転しながら落ちてきた」。教室から外を見ていた3年生の男児がそう思った直後、運動場から叫び声が続いた。粉塵《じん》が舞い上がり、避難した後に泣きだす子もいた。／県警などによると、窓は金属製の枠ごと落ち、児童との距離は十数メートルとみられる。運動場には衝撃の激しさを物語る痕跡がくっき

りと付き、透明の窓の破片が散らばっていた。〉

と報じた。

保守系の「産経新聞」が在沖米軍が引き起こした事故に関して、これだけ詳しい報道を行うことは珍しい。

「朝日新聞」は、14日朝刊の社説で、

〈「できる限り学校、病院の上は飛ばない」という日米合同委員会の協定は空文化しており、同校は「米軍機が墜落して有毒ガスが発生した」との想定で避難訓練を行っていた。そんな日常を送る子どもたちが、どこにいるだろうか。〉

と指摘した上で、〈普天間の危険性の除去は最優先の課題であり、だから辺野古への移設を進めると安倍政権は唱える。だがそれは、辺野古の周辺に危険性を移し替えるだけで、沖縄県民に重荷を押しつけることに変わりはない。〉との認識を示した。さらに

〈辺野古移設を容認する沖縄の自民党も怒っている。政府は普天間飛行場の危険性除去

のため「名護市辺野古へ移設するのが唯一の解決策」と繰り返しているが、ある県議は「辺野古移設はあくまで苦渋の選択。それも、日米が沖縄の問題に真剣に取り組むことが大前提だ」と言う。「ヘリの窓枠を小学校に落とすなんてありえない。米軍も日本政府も、まじめに安全対策に取り組んでいるのか」。〉（14日「朝日新聞デジタル」）

と報じた。

これらの報道姿勢は、事実を報道するという点では評価できるが、筆者には物足りない。なぜならば、このような事故が起きる要因が沖縄に対する日本の構造的差別であるという視点が欠如しているからだ。日本の陸地面積の0・6％を占めるに過ぎない沖縄県に在日米軍専用施設の70％が所在するという不平等な状態を中央政府は改めないのみならず、米海兵隊普天間飛行場の移設を口実に辺野古における新基地建設を強行しつつある。

辺野古移設は断じて「苦渋の選択」ではない。沖縄に対する構造的差別の強化に加担する行為だ。米軍も日本政府も真面目に安全対策に取り組んでいない以上、米海兵隊は沖縄から全面的に撤退してもらうしかない。沖縄の自民党も県議会で米海兵隊の「県外」、「国外」の移転に賛成するとの決議に賛成している。いまこそこの姿勢を中央の自民党に対して明確に示すべきだ。そうでないと沖縄自民党の怒りの「本気度」に疑問符が付される。

この機会に全ての沖縄人が団結して、沖縄差別に対して異議を申し立てることが重要と思う。沖縄の子どもたちの生命と身体を守るために、県内、日本、海外に住む沖縄人の一人一人が、今いる場でできる限りのことをしなくてはならない。

我慢の意味

どう喝政治への抵抗の形

（2018年2月10日）

4日に投開票が行われた沖縄県名護市長選で前市議で新顔の渡具知武豊氏（56歳、自民、公明、維新推薦）が、現職の稲嶺進氏（72歳、社民、共産、社大、自由、民進推薦、立民支持）を破り、初当選を果たした。日本では、これで辺野古新基地建設に反対するオール沖縄の一角が崩れ、沖縄の民意が新基地建設容認に傾き始めているとの見方が強いが、それは間違いだと筆者は考える。

渡具知氏は、辺野古新基地建設について態度を表明していない。当選後も本紙記者の〈辺野古移設問題については「国と県が係争中で、その行方を注視する」と言っている〉という指摘に対して、渡具知氏はこう答えた。

「態度を表明しないことへの批判がありながら、今回の投票結果になった。（移設を）容認するかについては、今は答えられない。裁判の結果が出た時点で何らかの判断をする。再編交付金の支給も政府が決定する。現状では名護市は支給の対象にならないと認識している。」（**6日本紙**）

この発言に対し、日本人のリベラル派は「主体性を持たず、裁判所の結果に従うという形で基地移設を承認するのだろう。政府はそれに対して再編交付金を支給するのを見越している。こういう態度は欺瞞《ぎまん》的だ」と批判し、日本人の保守派は「基地容認派が当選したのはいいことだが、沖縄が基地反対でどんなに騒いでも、結局はカネで転ぶ」というような侮辱的対応をするであろう。

筆者は、問題の本質は、政治面でなく、沖縄人共同体を支配する集合的無意識まで踏み込まないと理解できないと考える。政治的現象論の位相ではなく、物事の本質を解明する存在論の立場に立たなければ、今回、名護市で起きた事態は理解できないと思っている。

大民族である日本人には、少数派である沖縄人の複雑な心情がよく分からない。母親が沖縄・久米島の出身で、沖縄人と日本人の複合アイデンティティーを持っている筆者には、普段は強く意識していなくても、沖縄と沖縄人にとって死活的に重要な出来事が起きると、普段は自分が意識していない、深層に閉じ込められていた魂の叫びが聞こえてくる。

今回の名護市長選挙はまさにそういう出来事だった。沖縄人にとって、ヤマト（日本）は怖い国なのだ。中央政府と与党幹部が、目立たないように名護市に入って、地元の業界を締め付ける。司法は、沖縄の民意に耳を傾けない。日本人の大多数も沖縄の米軍基地過重負担を解消しようとしない。

こういう状況でヤマトと表だったいさかいを起こすことはとても怖い。率直に言うが、筆者も、ヤマトの論壇で、沖縄について語り、書くときには、何とも表現しがたい恐れを覚える。沖縄の現状を日本人にどう説明したらよいか、適切な言葉が見つからないが、暫定的に筆者はこう主張している。「沖縄では、我慢することも抵抗の一形態なのである。中央政府のどう喝政治に対して、われわれは粘り強く沖縄流の抵抗を貫く」と。

こういうときであるからこそ、我慢が持つ意味を日本人に説明して、リベラル派、保守派双方の陣営から出てくる沖縄と沖縄人に対する侮辱的かつ差別的な言説を批判することが、東京で言論活動を展開する沖縄人である筆者の責務なのだと思っている。

米朝首脳会談

「対話と妥協」の時代に

（2018年6月16日）

6月12日、シンガポール・セントーサ島のカペラホテルで行われた米朝首脳会談で米国のトランプ大統領と北朝鮮の金正恩・朝鮮労働党委員長は共同声明に署名した。北朝鮮政府が事実上運営するウェブサイト「ネナラ」（朝鮮語で〝わが国〟の意味）には共同声明の日本語全訳が掲載されている。そこから興味深い部分を引用しておく。

〈金正恩委員長とトランプ大統領は、新たな朝米関係の樹立と朝鮮半島における恒久的かつ強固な平和体制の構築に関する問題について包括的で深みのある、かつ率直な意見を交換した。トランプ大統領は朝鮮民主主義人民共和国に安全保障を提供することを確言し、金正恩委員長は朝鮮半島の完全な非核化に対する確固不動の意志を再確認した。金正恩委員長とトランプ大統領は、新たな朝米関係の樹立が朝鮮半島と世界の平和と繁栄に寄与するものと確信し、相互の信頼構築が朝鮮半島の非核化を促すものと認めて、次のように声明する。

1、朝鮮民主主義人民共和国とアメリカ合衆国は、平和と繁栄を願う両国人民の念願に即して新たな朝米関係を樹立していくことにした。

2、朝鮮民主主義人民共和国とアメリカ合衆国は、朝鮮半島において恒久的かつ強固な平和体制を構築するために共に努力するであろう。

3、朝鮮民主主義人民共和国は、2018年4月27日に採択された板門店宣言を再確認し、朝鮮半島の完全な非核化に向けて努力することを確約した。

4、朝鮮民主主義人民共和国とアメリカ合衆国は、戦争捕虜および行方不明者の遺骨発掘を行い、すでに発掘、確認された遺骨を即時送還することを確約した。

金正恩委員長とトランプ大統領は、史上初の朝米首脳会談が両国間に数十年間持続してきた緊張状態と敵対関係を解消し、新しい未来を切り開いていくうえで大きな意義を持つ画期的な出来事であることを認め、共同声明の各条項を完全かつ迅速に履行することにした。〉

今回の首脳会談で、米国が北朝鮮に求めていた「完全かつ検証可能で不可逆的な非核化」(CVID)は、共同声明に盛り込まれなかった。これは米国の北朝鮮に対する大幅な譲歩だ。今後、「完全な非核化」の定義を巡って、米朝で外交交渉が展開されることになる。

さらにトランプ氏が会談前に意欲を示してきた朝鮮戦争終結については、共同声明で、

〈朝鮮半島において恒久的かつ強固な平和体制を構築するために共に努力するであろう。〉という形で言及された。今後、朝鮮休戦協定を米朝平和条約に転換する動きが加速する。この点に関して、米朝の基本的な方向性は一致している。

今回の首脳会談での最重要課題である北朝鮮の非核化と朝鮮戦争の終結問題について、米国も北朝鮮も、共に最低限の必要目標は獲得できた。その意味で、「ウイン・ウイン・ゲーム」が成立している。

今回の米朝首脳会談における最大の成果は、トランプ氏と金正恩氏の個人的信頼関係が確立されたことだ。今後、米朝関係は急速に改善していくことになる。北東アジアの安全保障環境の激変に日本が取り残されないように努力することが重要な外交課題になる。日本政府は、北朝鮮に対する「圧力と制裁」の時代は終わり、「対話と妥協」の時代が始まったことを冷静に認識しなくてはならない。この戦略的情勢の変化を沖縄の米軍基地負担軽減に結びつける流れをつくるべく、沖縄人が団結する必要がある。

沖縄人の矜持

翁長氏は知事選出馬を

（2018年8月4日）

7月27日、翁長雄志知事は、米軍普天間飛行場（宜野湾市）の移設を口実とする同県名護市辺野古における新基地建設に関して、前知事が出した沿岸部の埋め立て承認を撤回する手続きに入る方針を表明した。

記者会見で翁長氏は、国際情勢の変化について

〈東アジアにおきましては南北首脳会談、あるいはまた米朝首脳会談の後も、今月上旬には米国務長官が訪朝をし、24日にはトランプ大統領が北朝鮮のミサイル施設解体を歓迎するコメントを発するなど朝鮮半島の非核化と緊張緩和に向けた米朝の努力は続けられています。／このような中、20年以上も前に決定された辺野古新基地建設を見直すこともなく強引に押し進めようとする政府の姿勢は、到底容認できるものではありません。私としては平和を求める大きな流れからも取り残されているのではないかと危惧しています。〉

と述べ、中央政府を批判した。

朝鮮半島情勢の変化を正確に分析した上で、沖縄にとって最も有利なタイミングで翁長知事は承認撤回に踏み込んだ。翁長知事には高いインテリジェンス力がある。

日本における沖縄に対する構造的差別は国家機関の全てにいきわたっている。裁判所も、日本の陸地面積の0・6％を占めるにすぎない沖縄県に在日米軍専用施設の70％が所在するという不平等な状況を是正しようとはしないであろう。

それであっても、最後の最後まで「あの人たち」すなわち東京の政治エリート（政治家と官僚）によって設定されたゲームのルールの中で、構造的差別の脱構築とともに東アジアで平和を求める流れに沖縄を組み込もうと翁長氏は必死になっている。

健康状態を考えた場合、翁長氏は、沖縄のために文字通り命を差し出すつもりだ。筆者も東京に住む一人の沖縄人として、翁長氏のような指導者がいることを誇りに思う。翁長氏の中に筆者は沖縄人の矜持を見る。

沖縄県知事には、他の県知事と比較して、特別の性格がある。民主的選挙によって選ばれた県民の代表であるだけでなく、筆者のように日本に在住する沖縄人、さらに海外に住む沖縄人の代表でもある。沖縄県知事は、沖縄と沖縄人の人格化された象徴なのである。

これから記すことは、翁長知事やその側近、県政与党の人々と相談した上のことではない。

一人の沖縄人である筆者の純粋に個人的な思いだ。次期県知事選挙にも、ぜひ、翁長氏に出馬してほしい。

確かに翁長氏は健康不安を抱えている。ただし、沖縄の政治家、県職員、有識者らが全力で支えれば、翁長氏は知事の職務を十二分に果たすことができると筆者は確信している。イデオロギーではなく、アイデンティティーという翁長氏の訴えは正しい。この立場に立って、沖縄人が団結しない限り、中央政府による沖縄に対する構造的差別を脱構築することはできない。

率直に言うが、翁長氏を支持する勢力の内部もガタガタだ。中央政府は、知事支持勢力の内紛に期待している。しかし、危機に直面したときにこそ沖縄人は底力を発揮する。文化によって政治を包み込んでいくのだ。現状を冷静に見た場合、政治的な権力闘争と異なる位相で、全ての沖縄人の利益を代表できるのは翁長雄志しかいないと筆者は確信している。

翁長知事をしのぶ

最期まで沖縄差別と闘う

（2018年8月11日）

8月8日午後6時43分、沖縄県の翁長雄志知事が膵《すい》臓がんのため沖縄県浦添市の病院で逝去された。67歳だった。あまりにも早い死だ。辺野古新基地建設をめぐる中央政府との軋轢《あつれき》が、翁長氏の死を早めたことは間違いない。とても悔しい。

8日午後5時50分に翁長氏の秘書から筆者に電話があった。「これまで佐藤さんにいろいろな局面で応援していただいてどうもありがとうございました。特に先週土曜日（4日）の新報のコラムを読んで、知事はとても喜んでいました。昨日（7日）から容体が急変し、意識が混濁し始めました。先ほど、謝花（喜一郎）副知事が会見を行って、知事の職務代理を置くことを発表しました。これで情勢が大きく変化することになります。知事は佐藤さんにとても感謝していました」という話だった。

先週の「ウチナー評論」に筆者は

〈健康状態を考えた場合、翁長氏は、沖縄のために文字通り命を差し出すつもりだ。筆者も東京に住む一人の沖縄人として、翁長氏のような指導者がいることを誇りに思う。翁長氏の中に筆者は沖縄人の矜持《きょうじ》を見る。（中略）次期県知事選挙にも、ぜひ、翁長氏に出馬してほしい。（中略）危機に直面したときにこそ沖縄人は底力を発揮する。文化によって政治を包み込んでいくのだ。現状を冷静に見た場合、政治的な権力闘争と異なる位相で、全ての沖縄人の利益を代表できるのは翁長雄志しかいないと筆者は確信している。〉

と記した。

翁長氏は、自分の持ち時間が少なくなっていることを意識しながら、最期の瞬間まで、構造化された沖縄差別を脱構築する闘いに取り組んでいた。そして、執務不能になった場合の手順について、秘書や側近に伝えていたのだと思う。その中には筆者を含む有識者へメッセージを伝えることも含まれていたのだ。

那覇市長時代、翁長氏と初めて会ったときのことを筆者は鮮明に覚えている。

翁長氏はこう述べていた。

「ヤマトの政治家や政党の都合によって、沖縄は常に分断されてきた。東西冷戦が終結し、イデオロギー対立はなくなっているのに、沖縄では保守と革新がいがみあっている。ウチナーンチュが分断され、対立する状況は、私の世代で終わらせたい」

「革新が保守に妥協するのは難しいであろうから、僕のような保守が革新に歩み寄らないとならない。イデオロギーではなく、ウチナーとウチナーンチュのアイデンティティーでわれわれは団結しなくてはならない」

「そのために重要なのは、保守も革新もおなかいっぱい、自分の主張を通そうとしてはいけない。腹八分目、いや腹六分目くらいで自分の主張を抑えなくてはならない。そうして、沖縄が分断され、差別される状況を変えていかなくてはならない」

翁長氏との出会いによって、筆者の日本人と沖縄人の複合アイデンティティーは、大きく沖縄人の側に振れるようになった。筆者は今後もいつも心の中で翁長氏と対話を続けながら、作家活動を続けていきたい。翁長雄志さん、天国でゆっくりと休んでください。

（2018年9月8日）

2人の知事

追い詰める政府こそ悪だ

翁長雄志知事と2人で会うときは、さまざまな政治家について率直な意見を交換することが多かった。その中で仲井真弘多前知事についても話したことがある。

筆者の記憶では、2年前のことだった。筆者が「日本人の左翼活動家やリベラル派の有識者が仲井真さんのことを、裏切り者と口汚くののしっているのを聞くと、胸が悪くなる。県民大会で、仲井真さんが沖縄の基地過重負担について『差別に近いものがある』と述べたとき、中央政府によるオスプレイの強硬配備計画に対して県民から沖縄の全米軍基地閉鎖要求が出るかもしれないと述べたとき、仲井真さんは本心からそう思っていたのだと思う。むしろ仲井真さんを追い詰めた中央政府のやり方に憤りを覚える」と言った。

翁長氏は「仲井真さんは悪い人ではない。仲井真さんなりに沖縄のことを考えていたし、政府との力関係についての相場観があったのだと思う」と言ってから、こう続けた。

「仲井真さんは那覇高校で僕の先輩だけど、成績がとても優秀で東大に進んだ。ウチナーンチュは努力して、日本人と対等になるという意識が強い人だ。しかし通産省（当時）に入って、自分の思いを遂げられたかどうかは、よく分からない。ヤマトの役人に対して、複雑な感情を抱いているが、それを口に出すことはめったにない。それでもウチナーンチュの魂が叫び出すときもある。佐藤さんが今挙げた『差別に近いものがある』という言葉はその叫びだ」

「翁長知事と仲井真さんのいちばんの違いはどこにあるのか」と筆者が尋ねたのに対して、翁長氏はこう答えた。

「沖縄のマグマに対する認識だ。政府の沖縄に対する差別政策は受忍の限度を超えている。このまま事態を放置すると、沖縄のマグマが爆発すると僕は考えているし、仲井真さんにも言った。仲井真さんは『ほ〜、マグマですか。そんなものがありますかね』と言ったが、淋しそうな顔をしていた。日本が本気になったら、沖縄はひねりつぶされてしまうのではないかという恐怖感が仲井真さんにはあったのだと思う。しかし、そういう恐れがあるということをあの人は外部には出さなかった。ただ僕は気づいていた」

「どういうときにですか」と筆者は尋ねた。

「あの人は落語が好きだ。つらいときには落語を聞いて、自分の心を安定させていたのだと思う」と翁長氏は答えた。知事選挙で争った政敵であっても、翁長氏は仲井真氏のつらさを理解しようとしていた。

「ウチナーンチュは仲井真さんの中に、一番見たくない沖縄人の姿を見たのだと思う。中央政府の差別施策に対して、当初、異議申し立てをするが、政府の圧力の前に膝を屈してしまう。自分の中にもその要素がある。それが仲井真さんに対する忌避反応になった。しかし、本当に悪いのは仲井真さんをあそこまで追い込んだヤマトの政治家と官僚だ」と筆者は強い口調で言った。

「僕たちが強くならないと。沖縄もウチナーンチュももっと強くならないと」と翁長氏は筆者の目を見つめて言った。

不信から信頼へ

今こそ沖縄人は団結を

（2018年10月6日）

9月30日に投開票が行われた沖縄県知事選挙で、辺野古新基地建設阻止を訴える玉城デニー氏が当選し、安倍政権が総力を挙げて応援した佐喜真淳氏は敗れた。全国紙の論調を見ると、立憲民主、共産、社民、国民民主などの野党連合が勝利したという見方を示しているが、これは間違いだ。

そもそもV字型滑走路を伴う大幅な埋め立てを必要とする辺野古新基地建設の端緒は、民主党政権時代、鳩山由紀夫首相の下で日本政府が米国政府と辺野古沖の水域に飛行場を建設することに同意したからだ（2010年5月28日）。

その影響で鳩山政権は崩壊し、同年6月4日に菅直人政権が成立し、鳩山政権の日米合意を踏襲する意向を表明した。ただし、工法についてはI字型かV字型か最終的な結論は出さなかった。翌11年に菅政権がV字型滑走路建設を決断したことで、辺野古新基地建設に向けた歯車が回り出した。

立憲民主党の枝野幸男代表は、菅政権で内閣官房長官を務めていた。枝野氏が辺野古新基地建設の見直しを主張するよりも前にやるべきことがある。菅政権の官房長官としてV字滑走路の建設を認めたことは、政治的に間違っていたという認識の表明だ。これなくして、立憲民主党が沖縄人の信頼を得ることはできないと思う。

与党であれ、野党であれ、自らの政治的思惑のために沖縄を利用しようとする政治家を沖縄は忌避する。特に保守派、リベラル派双方に見られる、沖縄人は自分の利益を的確に表現し実現することができないので、われわれが指導してやるというような思い上がったパターナリズム（父権主義）に対して沖縄人は敏感に察知することを忘れないでほしい。

沖縄人の心理を正確に理解しなくては、今後の沖縄情勢を読み解くことはできない。この点で2日の本紙社説が示した以下の認識を筆者も共有する。

〈知事選が終わった。「ノーサイド」だ。もとより県民に敵、味方の区別はない。玉城デニー新知事は、対立陣営との間にしこりを残さず、全県民の代表として山積する諸課題に取り組んでほしい。／（中略）公明党県本は党本部と一線を画し、普天間飛行場の県内移設に反対する立場だ。今回の知事選では、基地問題だけでなく総合的な判断から相手候補を推薦したという。玉城氏と共同歩調を取る余地は十分にあるだろう。／本土の側が沖縄に分断の種を持ち込んでいることがよく分かる。〉

「沖縄の運命は沖縄人が決める」という沖縄の自己決定権の確立が不可逆的過程に入ったことを示すという意味で、玉城デニー氏が沖縄県知事に就任することには歴史的意義がある。重要なのは、次のステップだ。翁長雄志前知事は、筆者に「ウチナーンチュが団結するためには、全ての政治家と政党が、自分の思いを腹八分目、いやそれでも多すぎる。腹六分目に抑えないとならない」と言っていた。

知事選に勝利した玉城氏が翁長氏のこの路線を継続することを望む。中央政局の野党の論理を沖縄に持ち込まないでほしい。沖縄人の間に存在する相互不信を信頼に転換することが必要だ。「われわれは誇り高き沖縄人だ」というアイデンティティーで沖縄人の団結を回復することは可能だ。

中央政府が玉城新知事に対して、あるときは直接的な恫喝《どうかつ》で、別のときには、沖縄への配慮を装った真綿で首を絞めるような手法（利益誘導がその典型）で圧力をかけてくる。このような沖縄差別をはね返す力を沖縄人が十二分に持っていることが今回の知事選で明らかになった。

米国のＩＮＦ条約破棄

真の理由は対中抑止力

（２０１８年10月27日）

20日、米国のトランプ大統領が訪問先の米ネバダ州で記者団に対し、米国が旧ソ連と結んだ中距離核戦力（ＩＮＦ）全廃条約から離脱する方針を表明した。今後、国際的な核軍拡競争を加速する極めて危険な方向に米国が安全保障政策を転換した。

〈トランプ米大統領が中距離核戦力（ＩＮＦ）全廃条約の破棄を表明したことを受け、ボルトン大統領補佐官（国家安全保障担当）は22日、モスクワでロシアのパトルシェフ安全保障会議書記と会談し、破棄の意向を伝えた。会談は平行線に終わったとみられ、ボルトン氏はロシアの有力紙「コメルサント」に「ロシアが違反を続け、米国だけが条約に縛られている状態は看過できない」と述べた。／ボルトン氏は同紙のインタビューに「ロシアを（条約順守の）義務に立ち返らせれば条約は救えるという考え方があるが、ロシアが違反そのものを否定している以上不可能だ」と語った。ボルトン氏によると、パトルシェフ氏は会談で、ロシアの条約違反を強く否定し、「違反しているのは米国だ」と主張したという。〉（23日「朝日新聞デジタル」）

今回の米国の決定に対してロシア政府と世論の反応は比較的冷静だ。オバマ前大統領の時代から、米国はロシアがＩＮＦ条約に違反していると非難していたが、ロシアは条約解釈の違いで違反していないと反論していた。軍縮関連の条約は解釈が複雑で、国際法的にどちらが正しいかを判断することは難しい。こういうときには法解釈よりも同盟関係が重視される。日本は米国の同盟国だ。それだから、ＩＮＦ条約の解釈については米国の立場が正しいという立場を取ることになる。

もっとも本件に関して日本が米国の立場を支持しても、日ロ関係に与える影響は限定的だ。それはトランプ氏がＩＮＦ条約を破棄した真の理由は、中国の軍事力増強に対する抑止力を維持するためだからだ。今後、米中関係は、貿易・経済分野のみならず、軍事・安全保障分野でも緊張を増すことになる。

米国のＩＮＦ条約破棄を、朝鮮半島情勢と併せて考察することが重要だ。米朝関係が正常化すると、米軍が韓国から撤退する可能性が現実的になる。韓国は外交・安全保障分野において、中国寄りの姿勢を示すであろう。その結果、北東アジアにおいて、日本と中国・北朝鮮・韓国が対立する構造が生まれる。

中国に対する抑止力を担保するために、日米同盟を一層強化し、米国の中距離核ミサイルを日本に配備すべきだと主張する政治家や有識者が出てくる。その場合、中距離核兵器の配置場所が沖縄になる可能性がかなり高い。このような状況をつくり出さないことが重要だ。この観点からも、核兵器を搭載した航空母艦の寄港が可能になる新基地が辺野古に建設されることは沖縄の利益に反する。

知事公室内に国際情勢を分析するチームを設置し、独自の情報収集と分析を行うことが重要になる。沖縄に核兵器が配備できないようにするための効果的な政治的意思表明を早い段階で行うことを検討してほしい。

リアリズム

自己決定権強化で対抗を

（2018年12月8日）

筆者は、外務省で主任分析官を務めていた。主任分析官の主たる仕事は、日本政府の希望的観測を排して、事柄の内在的論理を捉え、分析することだ。この手法で、現下の沖縄と中央政府の関係を分析してみたい。

重要な論点は四つある。

第1点。中央政府は、沖縄がいかなる抵抗をしても、近日中に辺野古埋め立てのための土砂投入を強行し、新基地建設に向けた動きを加速する。対米公約を実現するという要因よりも、日本が新基地を保有したいという願望の方が強い。

背景にあるのは、東アジアの構造転換だ。中国の影響力が拡大し、その影響圏に北朝鮮のみならず、韓国も糾合されようとしている。米国は、北朝鮮との関係改善により、東アジアからの軍事的プレゼンスを減少させることになる。

そのような状況で、中国に対抗するための軍事拠点として、日本にとっての沖縄の価値は高まる。米軍が沖縄におけるプレゼンスを減らすことになった場合、辺野古新基地は自衛隊が保有する。

その結果、沖縄で分離独立運動のような不測の事態が発生した場合、自衛隊の治安出動によって事態を沈静化することが可能になる。

第2点。辺野古新基地建設を含む沖縄の米軍基地問題に関して、圧倒的多数の日本人は無関心だ。無関心と言うことは、中央政府の政策を消極的に支持していると解してよい。

第3点。沖縄内部に介入し、中央政府の意思を体現する政治勢力を育成することは非現実的である。そのような努力をするよりも、日本の有権者の1%強を占めるに過ぎない沖縄の民意は切り捨てた方が中央政府としてかけるエネルギーを極小化できる。

外交安全保障は中央政府の専管事項であるという論理で、日本人の圧倒的多数を説得することができる。

第4点。中央政府が辺野古湾への土砂投入を強行することに対し、沖縄人が物理力を行使した抵抗を行った場合、法規を厳格に適用する。法に抵触するいかなる行為に対しても厳しく対処し、逮捕、勾留、起訴を徹底して行えば、沖縄人は怖じ気づき、抵抗を諦めると見るのが妥当だ。沖縄の抵抗運動に対する中央政府の弾圧策を、日本人の大多数は消極的に支持する。

中央政府がこのような認識に立って行動していることを、われわれは冷静に受け止める必要がある。重要なのは、沖縄人のアイデンティティーが確立していて、外部の勢力がそれを崩すことは出来ないというリアリズムに立つことだ。

1879年の琉球処分（沖縄県の設置）以後、中央政府は沖縄に対する同化政策を行ったが、それは成功しなかった。

沖縄は過去も沖縄人のものであったし、現在も沖縄人のものであり、未来も沖縄人のものであり続ける。

それは、筆者のように母は沖縄人、父は日本人であり、日本で生活し、日本政府の外務官僚として働いた者であっても沖縄人としてのアイデンティティーを持ち続けているという例からも明らかだ。

沖縄の自己決定権を強化することが、この閉塞状況を打破するために効果的な選択肢と筆者は考える。そのためには教育が重要だ。同時に、沖縄人が分断されないようにすることだ。「イデオロギーよりもアイデンティティー」という翁長雄志前知事の言葉が筆者の心臓をわしづかみにしている。

県民投票反対多数

手放しでは喜べない

（2019年3月2日）

2月24日に投開票が行われた米海兵隊普天間飛行場（宜野湾市）の移設に伴う名護市辺野古沿岸埋め立ての是非を問う県民投票は、反対が72・15％（43万4273票）、投票率は52・48％だった。

翁長雄志前知事の時代から県民が一貫して示してきた辺野古新基地建設に反対するという意思が確認されたことには重要な意味がある。しかし、この結果を手放しで喜ぶことはできない。

今回の県民投票を実施する過程において、沖縄社会が分断される深刻な危機が生じたからだ。県民投票前には、政治的配慮から控えていた筆者の見解を今日は率直に述べる。

県民投票が行われれば、反対が多数になることは予想されていた。だから、辺野古新基地建設を容認する勢力は、一部の市町村が県民投票を実施できなくなるように画策し、一時期、5市が県民投票に参加しなくなる可能性が生じていた。この状況に直面しても、玉城デニー沖縄県知事をはじめとする県庁幹部は機能不全に陥っていたように筆者には見えた。

沖縄社会が分断される危機を防いだのは県議会だった。1月24日、沖縄議会の各会派代表者会議は選択肢を賛否だけの2択から「どちらでもない」を加えた3択に増やす方向で合意したからだ。

合理的に考えて、立場未定の人は、投票に行かない。「どちらでもない」という選択肢を加えても、反対が有利な状況は変わらない。そのことを分かった上で、県議たちは行動した。同月29日に県議会の臨時会で条例改正案が賛成多数で可決された。新里米吉県議会議長が、沖縄人社会に分断が生じないように全力を尽くした。与党、野党の各会派の県議の大多数も沖縄の分断を防ぐ方向で勇気をもって行動した。

特に公明党県本の金城勉代表と自民党県連の照屋守之前会長が重要な役割を果たした。危機的状況になったときに沖縄人の魂が叫んだのだと思う。

外部勢力が沖縄の内政に干渉する隙を与えずに「沖縄のことは沖縄人が決める」という自己決定権に基づいた政治行動を、与野党を問わずほとんどの沖縄人政治家が取ることができた。

辺野古推進を考える勢力からすれば、投票率ができるだけ低くなり、県民投票の正統性が失われるような状況をつくりたかった。しかし、それは失敗した。特に興味深かったのが辺野古沿岸埋め立てを承認した仲井真弘多元知事も投票したことだった。

仲井真氏は、どのような投票をしたかについては述べなかったが、投票結果がどうなるかは、当然、予測していたと思う。投票行為によって、仲井真氏は県民投票の正統性を承認したのである。政治的立場にかかわらず、沖縄の分断を阻止するという方向で多くの沖縄人が団結したことを筆者は高く評価する。

玉城知事をはじめ、県幹部が「われわれは、正しいことをやっているのだから、有識者、マスコミ関係者、県民は黙っていてもついてくる」と思っているならば、それは間違いだ。5市が県民投票に参加しなければ、県内在住者だけでなく、県外、国外に住む沖縄人にも大打撃を与える可能性があった。県幹部が「県民投票で勝った」と浮かれるようなことがあってはならない。

離島と図書

教育機会を都市と同じに

（2019年3月23日）

1960年1月生まれの筆者は、あと10カ月で60歳の還暦を迎える。そろそろ人生の終わりに備えて、自分の仕事を整理しなくてはならない。その過程で、教育に対する関心がとても強くなっている。

21世紀に入って、新自由主義的な競争原理が、教育にも入ってきた。「選択と集中」によって、都市部の富裕層の子弟とそうでない子どもたちの機会の平等が著しく損なわれている。

そういう状況で、久米島が「久米島高校魅力化プロジェクト」と名付けた興味深い教育改革を行い、成果を上げている。筆者は、昨年6月2、3日、久米島高校の生徒を相手に特別講義を行った。そのときの様子については本コラム（2018年7月7日）で紹介した。

最近、このときの講義を踏まえて、都市部のように図書館や予備校、自習室などの教育インフラが十分に整っていない地域での教育について私の考えをまとめた本を書いた。『人生のサバイバル力』というタイトルで、7月に講談社から上梓される予定だ。久米島は島全体で教育に力を入れていることを全国に伝えたいという思いを込めてこの本を書いた。

その関係で、とてもうれしい出来事があった。創価学会が久米島の仲里小学校に図書を贈呈したのだ。2月9日に同校で贈呈式が行われた。

〈沖縄本島から西に約100キロ。久米島の仲里小学校では、保護者による本の読み聞かせが毎週実施され、良書に触れる機会の充実が図られている。図書贈呈式に集まった児童たちは、瞳を輝かせて、書架に並べられた本を見つめていた。〉

（「聖教新聞」2月9日1面トップ）

「聖教新聞」は、全国の創価学会関係者のみならず永田町（政界）と霞が関（官界）でもよく読まれている。この新聞の1面トップで、仲里小学校で保護者による本の読み聞かせが毎週行われている事実が報じられ、久米島が島ぐるみで子どもたちの教育に熱心に取り組んでいることが全国に伝わったことが重要だ。

創価学会による図書贈呈は、1974年2月3日、沖縄・西表島の竹富町立大原中学校から始まっている。第1回贈呈式には池田大作・創価学会名誉会長が出席した。その後、離島、山間部、被災地などに創価学会は1200回以上、52万冊を超える図書を寄贈している。このような地道な活動が社会を強化する上で重要だ。

〈息の長い贈呈運動に対して「『教育で人をつくる』最重要の活動」（作家の石川好氏）、「〝本で人を育てる〟運動を続けていただきたい」（紀伊國屋書店の高井昌史社長）等と、各界から賛同の声が寄せられてきた。（中略）仲里小学校の贈呈式では、安田（創価学会沖縄総県長から児童の代表に目録が手渡されると大きな拍手が起こった。／山里昌樹校長は「45年間も続けられてこられた取り組みに、敬意と感謝の思いを深くしています。頂いた本を宝物として、地域の方々と共に大切にしていきます」と語った。〉

（前掲「聖教新聞」）

久米島出身の筆者の母親（佐藤安枝、旧姓・上江洲）は、「子ども時代、久米島でいちばん辛《つら》かったのは、本屋や雑誌がなかったことだ」と言っていた。現在も久米島には本屋がない。子どもが新しい本に触れる機会をつくることがとても重要だ。

沖縄の基地と核

集中の根底にある差別

（2019年5月4日）

外交には、理想主義と現実主義という2つの考え方がある。理想主義者は性善説に立ち、外交交渉によって戦争を回避することが可能であると考える。これに対して現実主義者は性悪説に立つ。常に他国の悪意を想定して、自国を守るべきと考える。

理想主義的理念を持つ政治家や外交官でも、実務においては現実主義に傾く。核抑止による日本の安全保障を現実主義的に追求すると、沖縄に対する過重負担という差別に至る構造を見事に解明したノンフィクション作品「沖縄と核」（新潮社）が4月に出版された。著者の松岡哲平氏はNHKディレクターで2015年よりNHK沖縄放送局に勤務している。

1950年代後半に米国は、反核感情が強い日本（本土）よりも沖縄に核兵器を配置する方が現実的と考えた。1957年に米国のプロパガンダ機関USIA（米国文化情報局）が行った世論調査の結果を踏まえ、松岡氏は

〈重要なことは、当時アメリカが、日本人の反基地感情の源流を反核感情に見いだして

おり、そのことに強い警戒感を持っていたこと。そして、本土よりも沖縄に基地を置く方が、「ハードルが低い」と見なしていたことである。〉（72ページ）

という結論を導いている。

このような米当局の認識の下で岐阜県と山梨県に駐留していた米海兵隊が、1950年代に沖縄に移動することになる。日本で反米軍基地闘争に取り組んだ人々も、闘争に「勝利」した結果が沖縄における米軍基地の過重負担をもたらしたという現実には鈍感だった。

米国人も沖縄人を差別していた。50年代に沖縄で核使用を想定した訓練に参加した元海兵隊員ハリー・ミカリアンの認識が典型的だ。〈海兵隊の訓練に対し、沖縄の人々はどのような反応を示していたのだろうか。／「訓練場で私たちが食べた食料の残飯を、たくさんの貧しい沖縄人（Okinawans）が来て、拾っていました。十分な食べ物がなく、それほど貧しい状態にあることを見るのは辛いことでした。人々のそんな様子を見ると、私はある種、感情的になってしまったのを覚えています」〉

〈（中略）「沖縄人は、我々の訓練の内容など知らなかったと思います。彼らは我々が軍隊だということは分かっていたでしょうが、核兵器を持っていたことなど知るよしもなかったでしょう。当時、沖縄の人々は高等な教育は受けていませんでした。彼らの多くは貧しい農民だったのです。日本人には教育を受けた人がたくさんいました。彼らには何が起こっているのか分かっていました。だけど人は農業に従事していると、他の物事に追いついていかないのです」／ミカリアンは、Okinawans（沖縄人）という言葉を使い、Japanese（日本人）と区別した。／貧しく教育レベルも低い沖縄は、日本本土と違い、核の訓練に何の遠慮もいらない場所だ――。／こうした意識は、区別というより「差別」と言った方が適当かもしれない。／別の文脈でミカリアンは、当時米軍の中にあった黒人差別について語った。そのときは慎重に言葉を選びながら、「人種差別に居心地の悪さを感じた」とも言った。／それに比べると、「沖縄人」について語るミカリアンの言葉はあっけらかんとしたもので、何の躊躇《ちゅうちょ》もなかった。／差別は、それを差別と意識していないからこそ起きるものなのだろう。そしてアメリカ軍の中にあるこうした無意識の差別こそが、沖縄への基地と核の集中をもたらしたのかもしれない。〉（101～102ページ）

米国人と日本人による複合的差別意識が沖縄における基地と核の集中の根底にあることがよく分かる。

首里城焼失

政治的対立超え、再建を

（2019年11月9日）

10月31日未明に発生した火災で首里城が焼失した。首里城は、県民のみならず日本と全世界に住む沖縄人（ウチナーンチュ）にとって、沖縄の象徴であり、沖縄人を統合する象徴でもある。筆者の父は東京出身だが、母は久米島出身の沖縄人だ。筆者は日本人と沖縄人の複合アイデンティティーを持っているが、どちらか一つを選べと言われたら沖縄人を選ぶ。首里城焼失による筆者の悲しみが、周囲の日本人にはなかなか皮膚感覚で伝わらない。

首里城が沖縄と沖縄人を統合する象徴的意味を持っていることを東京の政治エリート（国会議員、官僚）に理解させようと努めている。

その際に本紙1日付社説のコピーを渡して説明している。なぜなら、この社説が、首里城に対する沖縄人の意識を的確に表現しているからだ。

〈琉球王国の歴史そのものである首里城は、国王の居城として政治・文化の中心だった。正殿には「舟楫《しゅうしゅう》をもって万国の津梁《しんりょう》となし、異産至宝は十方刹《じっぽうさつ》に充満せり」と刻まれた「万国津梁の鐘」を掲げ、独立した国としてアジア各地へ繰り出す外交・貿易の拠点であった。／近代以降は王国の崩壊とともに苦難の歴史をたどった。1879年に松田道之琉球処分官が日本陸軍熊本鎮台分遣隊の一個中隊を伴い首里城に入城し、国王を追放して日本軍の駐屯地として占拠した。／1925年に国宝となったものの、沖縄戦で第32軍の司令部壕が地下に設けられたことで米軍の砲撃にさらされ、国宝は灰燼《かいじん》に帰した。〉

首里城は、軍事目的というよりも政治と文化の中心だった。特に1879年の琉球処分で琉球藩が廃されて沖縄県が設置されるまでは、琉球王国の中枢として機能した。この社説にも記されているが、琉球王朝最後の尚泰王は、中央政府によって強制的に首里城から追われ、東京に連行された。沖縄人にとっては屈辱的な出来事だ。

太平洋戦争末期の沖縄戦では、首里城の地下に日本軍の司令部壕が造られた。そのため首里城周辺は激戦地になった。筆者の母は14歳で日本軍の軍属となり、沖縄戦に従軍し、九死に一生を得た。首里城の下には、多くの日本軍将兵の遺骨が埋まっていた。沖縄戦を記憶する場としても首里城は特別の意味を持っている。

戦後は、ここに沖縄初の大学である琉球大学が設置された。沖縄人は自らの歴史や文化を本格的に研究することが可能になった。

首里城は焼失してしまったが、沖縄だけでなく日本、さらに全世界にいる沖縄人の心の中で首里城は存在している。われわれの心の中にある首里城を再び形にすることに全世界の沖縄人の力を合わせて取り組むことが重要だ。

その際、さまざまな政治問題での分断を超克する必要がある。首里城再建という文化課題に、政治的対立を包み込んでいく方向で沖縄人は団結すべきだ。

首里城再建基金条例

32軍司令部壕の整備必要

（2019年11月16日）

失われて初めてその価値を正しく認識するものがある。首里城がまさにその事例だ。首里城が焼失したことにより、われわれ沖縄人にとって首里城が沖縄と全世界の沖縄人を統合する象徴であることが明らかになった。

首里城を再建するために、さまざまな行政機関、マスコミなどが募金活動を始め、その累計は既に数億円に達している。数十億円、場合によっては百億円を超える浄財が集まる可能性もあると筆者は考えている。

最終的にこの募金は県に集約されることになろうが、県が簿外で大量の金を持っているような事態は正常でない。県と県議会が協議し、首里城再建基金に関する条例を作り、募金の管理と使途について明確にしておく必要があると思う。

その際、重要なのは、沖縄人が主体になって資金を首里城再建に直接投入することだ。焼失した首里城は中央政府の予算によって作られた。当時と比較して、沖縄の経済力は強くなっており、県民の自己決定に対する意識も高まっている。首里城再建に向けた中央政府の善意に対しては、感謝し、受領するのが適切と思う。同時に首里城再建を中央政府だけに委ねずに、沖縄が主体的に参加していくことがとても重要と思う。

首里城再建は、建物を造ることだけではない。首里城という形で可視化された背後にある琉球・沖縄文化のルネサンスを起こすことだ。この機会に琉球語で書かれた文書資料を整えること、さらに無形文化について情報を集約するなどの作業も進めてほしい。

首里城の歴史で無視できないのは、沖縄戦で第32軍司令部が首里城の地下に設置されていたことだ。4年前の本紙は司令部壕の状況についてこう報じた。

〈70年前の沖縄戦で軍事中枢となった第32軍司令部壕。現在は劣化の激しさから調査時などを除き、内部の姿を知ることはできない。向かったのは、県立芸術大首里金城キャンパス近くの斜面に位置する第5坑道の入り口。責任者によると、現在二つしかない立ち入り可能な入り口の一つで、戦中のものでは残存する唯一のものだ。生い茂る野草をかき分け進むと、入り口は目立たない位置にひっそりとあった。〉

〈責任者が両腕で重そうな厚い扉を開けた。地面はかなりぬかるんでいる。壕内から地下水が湧き出ているからだ。懐中電灯の明かりを頼りに内部をのぞき込むと、天井や左右の壁面にかなり補強工事がされている様子が確認できた。／一方、むき出しになっている岩盤からは風化が進む状況も感じられる。調査期間中も壕内では落石が続き、大きいものでは長さ約1メートルに達したものもあったという。（中略）県による補強工事で劣化速度はある程度抑えられているが、止まったわけではない。調査責任者は「一般公開は難しいが、公開しないまま保存していく方法もあるのではないか」と話した。〉

（2015年6月10日本紙電子版）

この壕には、司令部が摩文仁に移動するときに、負傷、病気などで動けないために自決した日本軍将兵の遺骨が現在も残っているとみられる。軍と行動を共にした沖縄人の遺骨も残っている可能性がある。首里城を再建する機会に第32軍司令部壕に残っている遺骨を収集し、遺族に返還することを検討すべきと思う。

琉球語の正書法

知的遺産復興に不可欠

（2020年2月8日）

15日に琉球新報ホール（那覇市泉崎）において、公立名桜大学主催、本紙共催で「国際シンポジウム　琉球諸語と文化の未来」が行われる。筆者もパネリストの1人として参加する。現時点で、筆者は琉球語について考えていることを箇条書きにしておく。

〈1、言語は、民族、エスニック・グループの文化を形成する中核的位置を占める。沖縄文化、沖縄人のアイデンティティーの維持、発展する上でも琉球語は死活的に重要な言語である。

2、近代化の過程（日本の中央政府による国家統合と国民統合、都市化）において、琉球語が急速に衰退した。琉球語の維持と発展は沖縄人のアイデンティティーを強化する上で不可欠である。

3、差異が大きい琉球諸語の中から、日本の中央政府と合意文書を策定することができる標準的な琉球語の確立が急務となる。その場合、首里方言、那覇方言を基礎とすることが合理的になる。

4、琉球語の話し言葉が確立するためには、書き言葉が定着する必要がある。書き言葉を定着させるためには、正書法の制定が不可欠だ。

5、漢字、仮名を解さないウチナーンチュが少なからず国外にいることを考慮すれば、正書法は、ローマ字と漢字・仮名の併用が適切である。

6、正書法制定について県による意思が決定されるまでには、かなりの時間がかかるので、名桜大学で、学内で使用する暫定的な正書法の規則を定め、運用することを提案する。〉

焼失した首里城の再建が重要な課題になっている。形となったわれわれの文化である首里城の再建は、沖縄人のアイデンティティーを維持、発展させる上で象徴的な重要性を帯びている。それとともに、琉球・沖縄の知的遺産を復興することもとても重要になると考えている。

筆者が危惧しているのは、日本の政争の影響を受け、沖縄社会に本来、関係のない分断が生じていることだ。それを克服するために重要なのが、われわれの文化によって政治を包み込んでいくことと筆者は考えている。

筆者は沖縄人であるという自己意識を持った職業作家であるが、琉球語で自らの意思を表現することができない。外交官として訓練を受けたロシア語で自らの意思を表現することはかなりできる。筆者の本来の母語である琉球語よりもロシア語の方が堪能であるという現実が筆者にはとてもくやしい。こういうくやしい思いを次世代の沖縄人にさせたくないと思っている。

そのためには、琉球語の正書法を定めることが焦眉の課題と考える。琉球語とわれわれの文化の未来について、読者と率直に意見を交換したいと思っている。

（2020年4月11日）

緊急事態宣言と沖縄

翼賛でなく条例で規制を

新型コロナウイルスの感染者が首都圏や関西圏などで急増している。この危機的な現状を踏まえて、7日、安倍晋三首相が緊急事態宣言を発表した。対象となるのは、東京、神奈川、埼玉、千葉、大阪、兵庫、福岡の7都府県だ。具体的な措置は都府県知事に委ねられる。緊急事態宣言によって、臨時医療施設のための土地、建物の使用が所有者の同意がなくても可能になる。また、医薬品や食品などの収用が可能になった。

これに対して、住民の外出に関しては、自粛要請のみにとどまっている。公共の福祉を理由に人の移動の自由を規制することもできるが、中央政府はそれをしない。国民の同調圧力を利用すれば、外出規制という目的が十分達成できるからだ。前回の本連載で指摘したように、これは翼賛思想である。

玉城デニー知事は8日の記者会見で、〈県内で新型コロナウイルスの感染確認が増えているのを受け、緊急事態宣言が発令されている間は県外からの訪問を自粛するように要請した。／玉城氏は沖縄県が「感染確認地域」から、1週間前に比べて感染者が大幅に増えているような「感染拡大警戒地域」に移行しているとの認識を示した。感染が広がった背景として、県外からの「移入例」が多く確認されるとし、「多くの方々が県外との移動をした結果、感染者が増えている」と指摘した。／その上で、「さらなる感染拡大が懸念されており、強い危機感を持って対応する必要性がある」と訴えた。〉（8日、本紙電子版）

玉城知事の主張には合理性がある。筆者は、来週、沖縄を出張する予定であったが、緊急事態宣言の発表を受けて、仕切り直すことにした。「多くの方々が県外との移動をした結果、感染者が増えている」という現実を踏まえた場合、筆者が東京から沖縄に移動すべきでないと考えたからだ。

玉城知事は、適切なタイミングで、必要なメッセージを発した。この点で筆者は玉城知事の決断に敬意を表する。ただし、原理的には気になることがある。自粛という、中央政府が行っているのと同じ手法を沖縄がとるのが果たして妥当であるかについては根源から考え直す必要がある。

翼賛ではなく、法の支配によって、新型コロナウイルス対策の条例を定め、そこで移動の規制に関する基準を定めた方が、中長期的に沖縄にとって利益になるように思える。日本人の同調圧力に与《くみ》することの危険をわれわれは沖縄戦を通じてよく知っているはずだ。

沖縄の自己決定権については、法の支配の貫徹も含まれる。繰り返すが、現時点において外出や移動の自粛は必要だ。しかし、それは緊急避難的な措置で、自粛によって移動の自由を規制すること自体に深刻な問題をはらんでいることを忘れてはならない。

県議選を終えて

勝利と勘違いした政府

（2020年6月13日）

7日、投開票が行われた県議選では、県政与党が25議席を獲得して過半数を維持することになった。翁長雄志前知事の路線を継承し、辺野古新基地建設反対の姿勢を鮮明にする玉城デニー知事の県政が信任されたということだ。にもかかわらず、与党が弱気なのが不思議だ。

〈沖縄県議選の大勢が判明した8日未明、玉城デニー知事の表情は険しかった。与党が議席を減らし、野党が議席を伸ばした原因を問われると、力なく語った。「選挙前に予想していたこととはかなり状況が違っていた」／自身の県政運営に対して「中間評価」と位置付けられていた今県議選。玉城知事は与党勢力の過半数死守に奔走した。与党は、沖縄市区を含む国頭郡、宜野湾市、宮古島市の4選挙区を「重点地区」に位置付け、積極的に知事を応援に招くなどのてこ入れを図ったが、沖縄市区の玉城満氏のほか、宜野湾市や島尻・南城市区などで計4人の現職が落選。前回県議選で積み上げた27議席は25に減り、与党内からは「事実上の負けだ」との落胆が広がった。〉**（9日本紙）**

「事実上の負けだ」という認識を与党関係者がしているので、中央政府につけ込む隙を与えてしまった。中央政府は今回の県議選を「勝利」と勘違いしている。

〈菅義偉官房長官は8日午前の会見で、7日に投開票された沖縄県議会議員選挙で米軍普天間飛行場の辺野古移設容認を掲げた自民党が議席を増やしたことに触れ「そうしたこと（辺野古移設）についてかなり理解が進んでいるのではないか」と述べ、辺野古移設に対する県民の理解が広まったとの認識を示した。一方、辺野古移設反対派が多数を占めていることを踏まえ「政府としては一つ一つ丁寧に説明しながら、辺野古移設を前に進めたい」と述べ、移設工事を続行する考えを示した。〉**（8日本紙電子版）**

菅氏は、辺野古新基地建設を進めたいという強い気持ちがあるために沖縄の現実が見えなくなっている。

今回、沖縄の自民党は、辺野古移設を容認するとの姿勢を明確にした。過去、辺野古移設問題を争点から隠していたのと比べると正直になった。中央政府と東京の自民党からのてこ入れで、建設業などの関連業界を締め付ければ勝利できるという目算が沖縄の自民にあったのだと思う。しかし、そうはならなかった。

また、野党の公明党は、米海兵隊普天間飛行場の県外か国外への移設を主張している。中央政府が建設を今よりも強硬に進めようとすると、沖縄の自民党と公明党の間に亀裂が走る。さらにそれは、中央の自公協力体制にも影響を与える。中央政府として辺野古新基地建設については、進むことも退くこともできないという状況に置かれている。

新型コロナウイルスによる危機が続いている中で、現在は与党も野党も政争にエネルギーを費やすべきではない。財産もなく収入もない人々の生活と沖縄の経済システムを守るために県と議会が協力して、県民本位の政治を進めるべきだ。

イージス配備計画中止

二重基準は沖縄差別だ

（2020年6月20日）

15日、河野太郎防衛相が記者団に対して陸上配備型迎撃ミサイルシステム「イージス・アショア」の配備計画を停止すると表明した。理由について河野氏は、迎撃ミサイルを打ち上げた際に切り離す推進装置「ブースター」の落下で住民の安全を確保するためにコストと時間がかかるからだと説明した。

筆者が得た情報だと河野氏は12日に安倍晋三首相と菅義偉官房長官にイージス・アショアの配備計画を停止する意向を伝え、了承を得たが、どのように発表するかについて首相官邸と打ち合わせていなかったようだ。そのため河野氏の突然の発言で、一時、永田町（政界）と霞が関（官界）は騒然となった。特に自民党に対して事前の説明がまったくなかったために16日朝の自民党国防部会では、机をたたき、怒鳴る人もいて大荒れだったという。

政府は、北朝鮮の弾道ミサイル対策として2017年12月にイージス・アショアの導入を決定し、19年5月、防衛省が陸上自衛隊の新屋演習場（秋田市）とむつみ演習場（山口県萩市）を配置の「適地」とする報告書をまとめた。しかし、秋田県に提出した報告書に誤りが発覚し、地元の反発が強まったため、防衛省は新屋への配備を諦め、東日本の新たな配備先を検討しているところだった。

この問題に対して玉城デニー知事が即座に反応した。


〈玉城デニー知事は16日午前、沖縄県庁で記者団に応じ、15日に公表された地上配備型迎撃システム「イージス・アショア」の秋田、山口両県への配備計画停止について「コストと期間を考えたら辺野古の方がより無駄な工事ではないか」と米軍普天間飛行場の移設

に伴う名護市辺野古への新基地建設を進める国の姿勢に改めて疑問を呈した。〉
（16日本紙電子版）

政府は秋田県と山口県の利益を考慮し、技術的に欠陥のあるイージス・アショア配備計画を停止した。辺野古新基地建設も、マヨネーズ並みの軟弱地盤で埋め立てが技術的に困難で、沖縄県民の大多数が新基地建設に反対している。

秋田と山口の民意に政府が応え、イージス・アショア配備計画を停止したのだから、沖縄の民意に応え辺野古新基地建設を中止することもできるはずだ。

有識者の一部には、日本は米国に従属しているという見方があるが、今回のイージス・アショアの配備計画を中止した事実からも日本政府が米国の要請を拒否することは可能だ。

河野防衛相は16日の記者会見で、

〈「イージス・アショア」の配備計画を停止した理由としてコストや期間を挙げる一方、名護市辺野古の新基地建設については「唯一の選択肢」だと説明した。地上イージス同様、辺野古の工事も多額の予算や膨大な時間がかかるが、河野氏は「（米軍）普天間飛行場の危険性の一日も早い除去を考えるとしっかり工事を進めたい」とし、現行計画が合理的で

見直す必要はないとの考えを示した。〉（17日本紙電子版）

イージス・アショア配備計画中止と辺野古新基地建設の強行という河野防衛相の姿勢は二重基準で、不誠実だ。

深刻なのは、沖縄以外のマスメディアがイージス・アショア配備計画中止と辺野古新基地建設問題を結びつけて考えていないことだ。軟弱地盤で埋め立てが技術的に困難であるにもかかわらず、辺野古の青い海の埋め立てを続け、沖縄の民意を無視し、基地建設を強行する政府の姿勢は、客観的に見て沖縄に対する差別政策である。

敵基地攻撃能力

北東アジア安全機構を

（2020年6月27日）

日本の安全保障政策が大きく変わりそうだ。政府は国家安全保障戦略（ＮＳＳ）を初改定する方針を固めた。

〈政府は地上配備型迎撃システム「イージス・アショア」配備計画停止を受け「国家安全保障戦略」を改定する方向で検討に入った。代わりの抑止力として敵基地攻撃能力の保有を視野に入れる。国家安全保障会議で、新たなミサイル防衛の在り方に加え、経済安保、新型コロナウイルス収束後の国際ルールの枠組みといった3分野を軸に夏から議論を開始。年内の改定を目指す。複数の関係者が19日、明らかにした。／国家安保戦略は外交と安保政策の包括的な指針。2013年12月の閣議決定以来、改定は初めてとなる。〉

（19日本紙電子版）

改訂で注目されるのは敵基地攻撃能力に踏み込む可能性があることだ。敵基地攻撃能力とは、敵のミサイル発射拠点などを直接破壊することができる兵器を保有するという意味だ。

1956年に鳩山一郎内閣は、

〈日本に攻撃が行われた場合、「座して自滅を待つべしというのが憲法の趣旨とは考えられない」とし、「他に手段がない」場合に限り、ミサイル基地を攻撃するのは「法理的には自衛の範囲」と説明。これが政府見解として歴代内閣に引き継がれてきた。／敵基地攻撃能力の保有は、憲法上禁じてはいないとする一方、政府はこれまで、そうした能力は米軍に委ねると表明してきた。〉（23日「朝日新聞デジタル」）

敵基地攻撃能力は、憲法上認められているが、これまでは政策的に封印されていた。この封印を政府と自民党は解こうとしている。

イージス・アショアは、外国のミサイルから日本を守る「盾」だ。「盾」を持てなくなったから「矛」で身を守るという発想は、安全保障の論理からすると合理的だ。しかし、敵基地攻撃能力を持つ、防衛を口実に用いて攻撃を日本から仕掛けることも可能になる。

日本は専守防衛で攻撃能力を持たないというゲームのルールの下で東アジアの安全保障環境が維持されていた。このルールを日本が積極的に変更しようとしている。

この政策転換は、北朝鮮のみならず、中国、ロシア、韓国を刺激する。特に中国とロシアは、日本が中距離弾道ミサイルを保有するのではないかと警戒すると思う。その結果、日本を標的にした攻撃兵器の配備を中国とロシアが強化することになるだろう。

ロシア、中国の弾道ミサイルや巡航ミサイルには核兵器を搭載することが可能だ。日本政府が敵基地攻撃能力を持つようになると、沖縄に対する核兵器と通常兵器による攻撃の可能性が高まる。中国、ロシアと外交ルートを通じて信頼醸成措置をとらないと軍拡競争が進み、偶発的な核戦争のリスクが排除されない。日本、米国、中国、ロシア、韓国、北朝鮮、モンゴルなどの北東アジアにある諸国が相互不可侵と核先制使用の禁止、紛争解決における武力不行使などを定めた北東アジア集団安全機構を創設する必要がある。

安倍政権の総括

首相機関政治変わらず

（2020年9月5日）

8月28日、安倍晋三首相が健康問題を理由に辞意を表明した。安倍政権の特徴は、「首相機関説」で見た方がわかりやすい。カリスマ型政治で自らのイニシアチブで政策を進めた小泉純一郎元首相とは異なり、安倍氏は側近に政策の企画立案を任せていた。側近からあがってくる政策で、安倍氏がやりたい事柄についてはアクセルを踏み、やりたくない場合はブレーキをかけるというスタイルだった。戦前・戦中に重臣が裁可を求めてあげてくる政策に同意できないと不機嫌に横を向いたという昭和天皇の統治スタイルに似ている。

菅義偉官房長官、岸田文雄政調会長が次期首相になっても、「首相機関」という構造は基本的に維持される。側近グループの変更によって政策が変更する可能性はある。ただし、システム全体を動揺させ、機能不全に陥らせるような大胆な政策変更はできない。

安倍第2次政権の外交は、前期と後期に分けて考えることができる。前期は、谷内正太郎国家安全保障局長、兼原信克内閣官房副長官補らが側近となっていた時期で「自由と繁栄の弧」外交を展開した。名称は美しいが、日本が、米国、西欧、トルコ、インド、東南アジア諸国などと連携して、イラン、中国、ロシアを同時に封じ込めるという戦略だった。率直に言って誇大妄想的だ。

その結果、日本と中国、ロシアの関係は悪化した。ロシアとの関係では、対ロ強硬派である原田親仁氏（前駐ロシア大使）が政府代表に任命され、交渉を担うようになったため北方領土交渉は頓挫した。このような現実離れした外交政策を展開する人が徐々に権力の中枢から遠ざけられた。

それに変わって官邸主導外交で大きな役割を果たすようになったのが今井尚哉首相補佐官、北村滋国家安全保障局長だった。今井氏、北村氏は官邸官僚と呼ばれ、一部のマスコミはあたかも安倍首相の使用人のようだと非難する。官邸官僚と呼ばれる人の中には、人格的、能力的に疑問符がつく人がいることも事実だ。

しかし、今井氏と北村氏は別だ。民主党政権のとき、今井氏は資源エネルギー庁の次長として、北村氏は野田政権の内閣情報官として時の政権を全力で支えた。今井氏も北村氏も、自分が仕えるのは国民の民主的手続きによって選出された時の政権であるという認識を強く持つ。いわば国家至上主義の官僚だ。

安倍政権で沖縄問題は、菅氏とその側近グループの専管事項になっていた。今井氏や北村氏のグループが沖縄問題を担当していれば、辺野古新基地建設以外のシナリオ（しかし、それは米海兵隊普天間飛行場の県外・国外移設ではなく、県内移設）もあったと思う。

現時点で石破茂元自民党幹事長が次期首相になる可能性はほぼない。ただし次期政権が国民の信頼を失って崩壊することになれば、石破氏が首相になる可能性もある。その場合、事態はかなり混乱する。石破氏は、安倍政権の「逆打ち」を政策として推進することによって自己の権力基盤強化に腐心するであろう。辺野古新基地建設以外の県内分散移設案が出てくる可能性がある。しかし、それが沖縄の米軍専用施設過重負担の抜本的解決には繋《つな》がらない。

石破氏は党内のみならず、財界の基盤も弱い。石破氏としては検察を味方に付け、森友学園・加計学園問題、桜を見る会の問題など「安倍政権の腐敗と汚職を徹底的に追及する」というポピュリズム的手法に訴えて、自らの権力基盤を拡大することになるであろう。日本の内政は著しく不安定になり、外交どころではなくなる。沖縄に対する関心も安倍政権より低くなるだろう。コロナ危機から脱却できない状況で内政の混乱は何としても避けたい。

大城立裕先生からの宿題

我慢し闘う手法考えよう

（２０２０年10月31日）

10月27日、作家の大城立裕先生が95歳で亡くなられた。沖縄にとって大きな損失だ。28日本紙の追悼コメントで、筆者は大城先生との往復書簡の計画があったことについて記した。その件について大城先生からのメールを紹介したい。

大城先生とは、メールや電話のやりとりをよくしていた。２０１７年4月9日に大城先生からこんなメールをいただいた。

〈最近考えていることがあります。「沖縄問題」を膠着《こうちゃく》状態から解き放ちたいのです。政府は言うことを聞く気配がないので、そのうち沖縄人がくたびれるのではないかと思います。視野をそろそろ辺野古よりはるか遠くに放ってみませんか。「同化と異化」と言いだして、同化一辺倒の人達から嫌われたのが、50年前ですが、こんどは、これから50年あとのことを考えてみたいのです。いきなり「独立」論では説得力に欠けますが、とりあえず「アイデンティティー」を築き、維持することを、考えてみませんか。具体的に「言葉」の運動をどう起こすか。伝統芸能の殿堂を、今の国立劇場おきなわの国庫負担から解放するには？　農漁業を国の補助から解放するには……その他いろいろ。この話を、新潮の往復書簡でやってみてはどうかと考えています。以上のことを、山里勝己さん（名桜大学前学長）に話したら、「名桜で対談をしないか」というので、「あなたから、佐藤さんに提案しては？」と言っておきました。〉

大城先生の〈政府は言うことを聞く気配がないので、そのうち沖縄人がくたびれるのではないかと思います。視野をそろそろ辺野古よりはるか遠くに放ってみませんか〉という言葉はとても重い。

この件について大城先生と何度も電話で話した。大城先生は、日本の圧倒的な力（この力は中央政府だけでなく、沖縄に在日米軍基地の過重負担を押しつけている現状で構わないとする圧倒的多数の日本人によって形成されている）に対して沖縄人は「我慢しながら闘う方法を考えなくてはならない」ということを考えていた。大城先生はその想いを「普天間よ」や「辺野古遠望」で小説にした。

大城先生は筆者との往復書簡で、文化的、思想的、政治的、経済的にこの問題を掘り下げることを考えていた。「新潮」の矢野優編集長もこの企画を応援してくださり、第1信は筆者が書くことになっていたが、考えが纏《まと》まらず、時間が過ぎていった。宿題が未処理の状態になってしまった。

名桜大学での大城先生と筆者の公開対談は、その後、国際シンポジウム「琉球諸語と文化の未来」(名桜大学主催、琉球新報社共催)という形で今年の2月15日に那覇市泉崎の琉球新報ホールで実現した。その2週間後の3月1日、大城先生から以下のメールが届いた。

〈あいかわらずお忙しいことと思います。そのなかで、往復書簡の意欲を漏らされたことに、敬意を表します。ただ、当方の都合が良くありません。シンポジウムのあと体調を崩しまして、2月20日のメモには、「来年あたり死にそうな予感」とあります。今年の誕生日(佐藤註＊9月25日)までもつかなと思う事があります。医者の診断では血液不足ということです。昨日、今日と一日中眠ってばかりいます。というわけで、往復書簡を一応延期ということでお願いします。大兄の単発が可能なら、読みたくもあります。当方の仕事は、たぶん三月中に文庫本を一冊出して、打ち止めということになりましょう。〉

大城先生は、今年5月に集英社文庫から「焼け跡の高校教師」を上梓した。少し時間がかかると思うが、筆者は大城立裕論を書かなくてはならないと思っている。

領空開放条約

沖縄が日米中に提言を

（２０２０年11月28日）

米ロ関係の緊張が一層強まりそうだ。

〈トランプ米政権は22日、欧米とロシアなどとの間で偵察機による相互監視を認めたオープンスカイ（領空開放）条約を脱退した。国務省が発表した。米側はロシアの違反を理由に条約にとどまる利益がないとして、５月にロシアなどに脱退を通告。６カ月が経過し条約に基づき脱退が有効となった。／米ロ間では昨年８月、米側の一方的な離脱表明によって中距離核戦力（ＩＮＦ）廃棄条約が失効している。今回の脱退で、軍事面での透明性や相互信頼の低下が懸念されており、さらに緊張が高まる可能性がある。〉

（23日、本紙電子版）

領空開放条約は、ソ連崩壊の翌１９９２年、北大西洋条約機構（ＮＡＴＯ）加盟諸国とロシアなどの間で調印され、２００２年に発効し、米ロを含む34カ国が批准していた。日本は当事国でない。

ロシアがバルト海沿岸のカリーニングラード州やジョージア国境のロシア領空で、米国の偵察機の飛行を制限したのは事実だ。ロシアの論理では、現地では軍事的緊張が高まっているので、偶発的な衝突が起きた場合、取り返しがつかなくなるというものだ。特にジョージア付近では、偵察機を装った戦闘機や爆撃機が飛行する可能性が十分ある。ロシアの措置を口実に領空開放条約自体から離脱するという米国の政策は乱暴だ。

米国のバイデン次期大統領は、トランプ大統領よりも対ロシア外交姿勢は強硬だ。従って領空開放条約からの米国の離脱をバイデン政権が見直すことはないと思う。このような米国の姿勢にNATO（北太平洋条約機構）に加盟するヨーロッパ諸国は不満を持っている。

今年5月21日にトランプ大統領が領空開放条約から米国が離脱する意向を表明した際に、事実上ロシア政府が運営するウェブサイト「スプートニク」が興味深い報道を行った。


〈トランプ米大統領は（5月）21日、オープンスカイ条約から脱退する意向を表明した。その理由としてロシアの違反を挙げている。／NATOのストルテンベルク事務総長はツイッターにメッセージを投稿し、「NATO加盟国は本日、オープンスカイ条約について話し合うために集まった。我われは軍備、軍縮および不拡散に対する現行の国際的管理を維持するという断固たる意向を表明する」と伝えた。／フランス外務省が発表した10カ国（フランス、ドイツ、ベルギー、スペイン、オランダ、フィンランド、イタリア、ルクセンブルグ、チェコ、スウェーデン）によって署名された文書には、形成された状況に対する米国の懸念には同調するとしているものの、条約からの脱退に関する米国の声明を「残念」に思っていると記されている。／また文書では、ロシアとの対話を継続する意向についても述べられているほか、ロシアに対してカリーニングラード上空の飛行制限を解除するよう求めたと記されている。〉**（5月23日「スプートニク」日本語版）**

ロシアは今後、領空開放条約で、米国とヨーロッパを離間する働きかけを強め、それは一定の効果をあげると思う。

尖閣諸島問題をめぐり、日中間の緊張が高まっている。バイデン政権の誕生で米中関係も一層緊張するであろう。そのような状況で、沖縄が積極的なイニシアチブを発揮して、東アジア地域の平和を担保することが重要になる。日米中で領空開放条約を締結することを沖縄が積極的に主張してみる価値があると思う。

浦添市長選挙と辺野古問題

翁長前知事の原則が重要

（2021年2月13日）

7日に投開票が行われた浦添市長選挙では、米軍那覇軍港（那覇市）の移設受け入れの是非が争点となった。移設を容認する現職の松本哲治氏（53）が、移設に反対する前浦添市議の伊礼悠記氏（38）を破り3選を果たした。

開票結果は、自民党、公明党と下地幹郎衆議院議員（無所属）が率いる「無所属の会」が推薦した松本氏が3万3278票、玉城デニー知事や立憲、共産、社民、沖縄社会大衆の各党が支援した伊礼氏は2万2503票だった。1万票以上の大差で松本氏が当選した政治的影響は大きい。

全国紙もこの問題に注目している。

〈松本氏を支援した菅政権にとっては、1月の宮古島市長選からの連敗回避だけでなく、知事の足元を揺さぶる好材料を得る結果となった。加藤勝信官房長官は8日の記者会見で「那覇港湾施設（那覇軍港）の返還に向けて連携して取り組んでいきたい」と述べた。／

一方、玉城知事は8日朝、記者団から「民意は軍港移設を前に進めろということか」と問われると「選挙結果は、そのように受け止めている」と語った。／支持勢力内は移設についてで賛否が割れている。県政与党県議の一人は「政府のペースで軍港移設が進むことだけは避けなければいけないが、容認の知事に翻意を迫るべきかどうか、答えを出すのは容易でない」と話した。〉（9日「朝日新聞」朝刊）

中央政府は、辺野古新基地建設計画が頓挫した後までも見据えた長期戦略を持っていると筆者は見ている。現下沖縄の政治勢力は3つのグループに分かれる。

Aグループ。玉城知事を支持し、辺野古新基地建設計画に反対する。

Bグループ。玉城知事に反対だが、辺野古新基地移設計画には反対する。

Cグループ。玉城知事に反対し、辺野古新基地建設計画に賛成する。

中央政府が沖縄の民意を受け入れて辺野古新基地建設を撤回することはない。しかし、軟弱地盤の上への新基地建設が物理的に不可能という理由から、辺野古に新基地を造ることを断念する可能性がある。その後、中央政府にとって重要になるのは米海兵隊普天間飛行場の移設を県内で実現することだ。

Bグループならば、辺野古以外の県内移設に賛成する可能性があると中央政府は考えているのだと思う。その兆候が、今回の浦添市長選で見られた。

〈1月31日の浦添市長選告示数日前、県政与党の一員ながらも玉城デニー知事とは距離を置く赤嶺昇県議会議長の携帯電話が鳴った。電話の相手は菅義偉首相。「市長選への協力を頼みたい」。選挙戦の最大争点だった那覇軍港移設で「容認」の立場を取ることを理由に市長選で静観を保った赤嶺氏に、松本哲治氏への支援を呼び掛ける内容だった。（中略）赤嶺氏からの支援は実現しなかった。〉**（10日、本紙）**

今回、赤嶺議長は、中央政府の意向通りには動かなかった。賢明な判断と思う。玉城知事は、重要な政治決断をしなくてはならない局面に至っている。ここで重要になるのは、「イデオロギーよりもアイデンティティー」という翁長雄志前知事が掲げた原則だと思う。日米安全保障条約や辺野古以外の在沖米軍基地に対する見解が異なる人であっても、辺野古新基地建設に反対するという1点に沖縄人のアイデンティティーを結集させ、中央政府に異議を申し立てるというのが翁長氏の考えだった。

筆者は、辺野古新基地建設問題の本質は、中央政府のみならず日本人全体の沖縄に対する構造化された差別と考えている。Ｂグループの人々も沖縄のアイデンティティーを大切にする仲間と思っている。

米軍専用施設面積50％目標

差別是正は沖縄人自らで

（2021年2月20日）

16日に開会した県議会2月定例会で、玉城デニー知事が県政運営方針を表明した。

〈県政の最重要課題である米軍基地問題について、来年に沖縄の日本復帰50年を迎えることを見据え、基地負担の軽減に向け「当面は在日米軍専用施設面積の50％以下を目指す」として、その実現を日米両政府に求めていくと強調した。玉城県政が基地負担の軽減に向け、数値目標を明示するのは初めて。／玉城知事は、嘉手納より南の返還・統合計画による返還が全て実施されたとしても「沖縄の米軍基地専用施設面積は全国の69％程度にとどまり、応分の負担には依然としてほど遠い状況にある」と指摘した。辺野古新基地建設問題については「対話によって解決策を求めていく。政府に工事を直ちに中止した上で、県

との対話に応じるよう求める」と従来の姿勢を示した。〉(17日、本紙電子版)

基地負担の軽減として、玉城知事が「当面は在日米軍専用施設面積の50%以下を目指す」という数値目標を示したことについて、積算根拠が明確でない、唐突だ、数合わせのゲームに巻き込まれることになるなど、さまざまな批判があるが、筆者は政治的に大きな意味があったと考える。なぜなら、久しぶりに全国紙に在沖米軍専用施設の過重負担に対して、知事から異議申し立てがなされたと報道されたからだ。

日本の陸地面積の0・6%しかない沖縄に在日米軍専用施設の約70%が集中しているというのは不平等だ。不平等な状況が是正されないのは、日本の中央政府だけでなく日本人の大多数が、在日米軍基地を沖縄に過重負担させることを容認しているからだ。そのため県民が受けている苦痛を、大多数の日本人は空気のように当たり前と受け止めている。こういう状況が日本による沖縄に対する構造化された差別だ。

この現実について、「最低限、負担を半分にしろ。それさえ受け入れられないということは、われわれを対等の国民として扱っていないことと受け止める」という宣言を玉城知事は行ったのだ。ただし、玉城知事は優しい人なので、激しい物言いはしない。

中央政府も大多数の日本人も玉城知事の叫びを無視している。

〈加藤勝信官房長官は17日の会見で、玉城デニー知事が16日の県議会で表明した「在日米軍専用施設面積の50%以下を目指す」とした数値目標への見解を問われ、「知事の発言一つ一つについてはコメントを差し控える」とした。〉（18日、本紙電子版）

要するに、加藤官房長官は、玉城知事の叫びを無視したのだ。この冷淡さに事柄の本質があると思う。この冷淡さは、加藤氏だけでなく、大多数の日本人に共通している。この現実から考えなくてはならないのは、沖縄人の権利を主張し、擁護することは沖縄人にしかできないということだ。この沖縄人には、県民だけでなく、県外や海外に在住する沖縄人も含まれる。筆者のように沖縄に住んだことはないが、母親のルーツが沖縄で、自らも沖縄人であるという自己意識を持つ人々は、日本全体で５００万人くらいいるのではないかと筆者は推定している。ただしこの自己意識には濃淡がある。

沖縄県知事には、他の都道府県知事とは異なる性格がある。県民の代表であるのみならず、県外と海外に在住する全ての沖縄人を人格的に象徴するという性格だ。沖縄が置かれている差別的状況を是正しなくてはならないという発信を、今回のような玉城流の穏やかな言葉でよいから、積極的に発信し続けてほしい。それによって県外に住む沖縄人のアイデンティティーが強化される。

徳田球一と沖縄独立論

共産党の差別認識問う

（2021年5月1日）

筆者が名護市を訪れるときによく立ち寄る場所がある。ひんぷんガジュマルの横にある公園の石碑だ。一つは、日本共産党創設メンバーの一人で戦後、一時期同党の書記長を務めた徳田球一氏（1894〜1953年）の石碑だ。もう一つは、ゾルゲ事件で逮捕、投獄され獄中死した画家の宮城与徳氏（1903〜43年）のものだ。宮城氏は米国共産党員だった。2人の沖縄人が国際共産主義運動に命を懸けて取り組んだ動機に筆者は強い関心を持っている。

現在、共産党の公式党史によると徳田氏に対する評価は極めて否定的だ。

〈戦後、書記長となった徳田球一は、のちに「家父長制」とよばれた、粗暴で個人中心の指導をおこない、自分の方針への批判を許さない専断的な傾向をつよくもっていました。また、党の指導の中枢を徳田の腹心でかためる派閥主義が横行し、中央委員会内でも、党の政策や方針の民主的、集団的な検討が保障されなくなっていました。これは、党内での官僚主義を助長し、政治上の誤りを拡大する重要な要因となりました。〉

（『日本共産党の八十年』日本共産党中央委員会出版局、２００３年、97頁）

もっとも〈自分の方針への批判を許さない専断的な傾向〉は今の共産党も強く持っているように思えてならない。

興味深いのは、共産党が１９４７年２月、東京で開いた第５回党大会で発表した「沖縄民族の独立を祝うメッセージ」について言及している箇所だ。

〈また、大会は、アメリカが沖縄を本土ときりはなして米軍直轄の特別地域としたことにたいして、徳田の提唱でこれを「沖縄民族」の独立への一歩としてとらえ「沖縄民族の独立を祝うメッセージ」を採択しました。これは、明治いらいの専制政治による沖縄県民にたいする差別的抑圧への反発が、アメリカの沖縄占領への無警戒とむすびついて生みだされた誤りでした。アメリカの占領政策への批判がゆるされないもとで、党は、四八年八月の中央委員会総会で、「民族的、歴史的にみてもともと日本に属すべき島々の日本への帰属」を「講和に対する基本方針」にかかげました。そして、沖縄における祖国復帰運動の展開と交流をへて、五〇年代以降、沖縄の全面返還の要求をかかげることになりました。こうして、「沖縄メッセージ」の誤りは克服されてゆきました。〉（前掲書75頁）

徳田氏は、沖縄人を日本人と異なる別民族と考えていた。プロレタリアート（労働者階級）に祖国はないというマルクスとエンゲルスが「共産党宣言」で強調した言説に忠実だった徳田氏は、琉球民族（沖縄民族）の1人であっても日本共産党に所属することに何ら矛盾を感じなかったのであろう。

共産党は明治以来、少なくとも太平洋戦争終結までは沖縄人に対する「差別的抑圧」があったという認識に立っている。現在、日本の中央政府が進める辺野古新基地建設も日本の中央政府による沖縄人に対する構造的差別と筆者は考える。この差別構造には大多数の日本人が組み込まれている。日本による沖縄差別という認識について、現在の共産党はどう考えているのだろうか。筆者は「しんぶん赤旗」を毎日読んでいるが、この点がよくわからない。

来年は、コミンテルン（共産主義インターナショナル＝国際共産党）日本支部として日本共産党が創立されて100年に当たる。共産党は百年党史を刊行すると思う。この党史で、徳田球一氏と沖縄独立論、さらに現在も続く沖縄差別について共産党がどのような説明をするのか、筆者は関心を持って見守っている。

スコットランド独立派過半数

自己決定権掲げ差別に対抗

（2021年5月15日）

5月6日に投票が行われた英国のスコットランド自治議会選（定数129）では、英国からの独立を主張する与党「スコットランド民族党」（SNP）が64議席を獲得して第1党を維持した。単独過半数には1議席足りなかったが、独立を支持する「緑の党」8議席と合わせると独立派が過半数を制した。

〈スコットランド議会選は小選挙区が73議席で比例が56議席。少数与党政権を担っていたSNPは前回選挙（2016年）比1議席増の64。緑の党は8議席（前回比2増）へと伸ばした。独立反対派は、保守党31（同増減なし）、労働党22（同2減）、自由民主党4（同1減）となった。／勝利宣言したSNP党首のスタージョン自治政府首相は「ジョンソン氏や誰かが、自分たちの未来を選び取るためのスコットランドの人々の権利を阻もうとすることは、断じて民主的に正当化できない」と英政府をけん制した。SNPは新型コロナウイルスの感染収束後に住民投票の実施を目指す方針だ。〉**（9日「毎日新聞」電子版）**

14年9月18日に行われた住民投票では、独立反対が多数を占めた。投票結果は、反対が200万1926票（55・25％）、賛成は161万7989票（44・65％）、投票率は84・6％だった。

このとき、英国への残留賛成派は、スコットランドが英国から分離独立すると必然的にEUから離脱することになるので、経済や人的往来で大きな支障が生じると主張し、それが独立に反対する世論を形成する上で無視できない役割を果たした。英国がEUから離脱した今日では事情が変化した。スコットランドでは、英国から離脱し、独立国スコットランドとして、EUに加盟すべきだという声もある。

SNPのスタージョン党首は9日、ジョンソン英首相と電話会談し、独立の是非を問う住民投票実施を認めるよう要求した。もっともスコットランド独立の是非を問う住民投票は、英国議会が議決しなければ実現できない。ジョンソン首相が率いる保守党のみならず、野党の労働党も住民投票を行うべきでないと考えている。

スコットランドのグラスゴー近郊には英国唯一の核兵器を搭載した潜水艦の基地がある。安全保障上の理由からも英国政府はスコットランドの分離独立を防ぐために全力を尽くすであろう。

いずれにせよロンドンの中央政府の政策により、基地負担、経済でスコットランドが構造的に差別された状況にあることに対して、スコットランド人が自己決定権を対置し、異議申し立てを行った意味は大きい。英国議会がスコットランドの独立の是非を問う住民投票の実施を阻止するという姿勢をかたくなに取るならば、今後、スコットランドが一方的に独立に向けた動きを強化する可能性がある。英国の国家統合が揺らぎ始めている。

改正国民投票法と日朝関係

意思疎通で緊張緩和を

（2021年6月12日）

憲法改正手続きに関する国民投票法改正案は11日の衆議院本会議で、自民、立憲民主、公明、国民民主各党などの賛成多数で可決された。この国民投票法の改正が北朝鮮に与える影響が心配だ。5月11日にこの法案が衆議院本会議で通過した後、北朝鮮が激しく反発した。5月20日、北朝鮮政府が事実上運営するウェブサイト「ネナラ」（朝鮮語で〝わが国〟の意味）が「歴史の教訓を忘れてはならない」と題する国営・朝鮮中央通信社の論評を転載した。

〈日本が、「自衛隊」の存在を明記する憲法改正により本格的に取り組んでいる。先日、菅首相は「自衛隊」の地位を明らかにすべきだと言って、それに関する憲法改正論議を国会で進捗《しんちょく》させるのは当然なことであるという立場を明らかにした。時を同じくして、安倍前首相も「自衛隊」が憲法に違反するという論理に終止符を打ち、憲法の改正で「新しい時代」を開かなければならないと力説した。

これは、内外の強い反対にもかかわらず、なんとしても憲法を改悪して侵略国家、戦争国家の面貌《めんぼう》を完全に整え、「大東亜共栄圏」の昔日の夢を実現しようとする危険極まりない策動である。日本の政客の憲法改悪策動は、単なる一国の内政に関する問題ではなく、国際的問題として世界の平和に対する正面切っての挑戦であり、人類に対する公然たる宣戦布告である。〉**（5月20日「ネナラ」日本語版）**

北朝鮮は菅義偉首相、安倍晋三前首相の発言を細かくウオッチしている。しかも憲法改正は、「大東亜共栄圏」の再建につながるという頓珍漢《とんちんかん》な見方をしている。現在の日本には「大東亜共栄圏」を再建する意志も能力もない。しかし、北朝鮮にはそのような日本の実態が見えていないようだ。

北朝鮮は日本の現行憲法（とりわけ9条）を肯定的に評価している。その上で憲法改正が日本の軍国主義化につながるという見方を示している。

〈周知のごとく、日本の現行憲法は国連憲章と国際社会の要求に従って戦争と武力行使の永久放棄と戦闘力の保持禁止などの内容を規制している。日本は当然、憲法の核心事項をあくまで維持することで、平和を願う人類の念願に応えるべきであった。しかし、日本は敗北後、今日まで報復主義的再侵略の野望を一瞬も捨てず、日本は戦争を行えない国から戦争を行える国にするために必死になってあがいてきた。

（中略）さらには最近、憲法改悪に邪魔となる遮断物を取り除くことができるようにそれを改悪した国民投票法改正案をついに衆院憲法審査会で通過させた。このような改憲策動が日本を危険な再侵略国家につくり、ひいてはこの惑星に取り返しのつかない惨禍をもたらすということは、火を見るより明らかである。〉

日本と北朝鮮の間で誤解が生じている。情勢の悪化を防ぐために日本政府としてもできることがあるはずだ。

まず、日本の北朝鮮の間で意思疎通ができていないことによる不必要な緊張を緩和する必要がある。そのためには、政府が平壌に常設の窓口を開設することが合理的だ。近未来に日本が北朝鮮の外交関係を樹立することは難しい。しかし、平壌に外交特権を持たない日本政府常設代表部を設置することは可能なはずだ。見返りに東京の朝鮮総連本部に朝鮮民主主義人民共和国常設代表部の地位を保障すればよい。

中国と民族問題

強制的同化は困難だ

（2021年7月10日）

1日、中国共産党が結党100年を迎えた。北京では盛大な祝賀大会が行われて習近平・中国共産党総書記が演説を行った。3日、本紙は社説でこの演説を批判し、以下の指摘をした。

〈世界第2位となった経済大国の進路を世界が注目している。武力や権力を振りかざす覇道に進むか。徳をもって人々の信頼を得る王道を歩むのか。経済だけでなく人権問題の解決や多国間協調など中国が抱える課題は山積する。／ナショナリズムを鼓舞する内向きの演説よりも、大国としての責任をどう果たすのか国際社会に発信すべきだ。／習氏は演説で「有益な提案や善意の批判は歓迎するが、偉そうな態度の説教は絶対に受け入れられない」として、諸外国からの批判を受け付けない姿勢を印象付けた。／だが中国に対する批判は「偉そうな説教」ではない。香港で起きている事態を強引に正当化する中国共産党こそが、自由な意思表明を保障するという世界共通の価値観に目を背けているのだ。〉

筆者も同じ意見だ。筆者は、1987～95年、モスクワの日本大使館で勤務していたときに民族問題を担当していた。帰国後96年から2002年まで東京大学教養学部でユーラシア地域の民族問題について講義をしていた。ロシアと比較して中国は民族問題の難しさを十分に理解できていないように思えてならない。

中国共産党は、コミンテルン（共産主義インターナショナル＝国際共産党）中国支部として出発した。当初、中国革命も世界革命の一環として位置付けられた。ところでマルクス主義だと歴史は資本家と労働者の階級闘争によって進む。これにレーニンは若干の修正を加えた。被抑圧民族に関しては愛国的資本家は労働者と連帯できるとしたのである。それでも民族に本質的な意味を認めなかった。

現在の中国共産党は、革命を輸出して世界を共産主義体制にすることはまったく考えていない。中国国家を強化することが共産党政権の目的だ。中国の国家指導部は主観的にはそうしないと将来、再び外国により植民地にされてしまうと恐れているのだと思う。だから欧米諸国からの人権問題による中国への批判が、人権を通じて中国を統制する新植民地主義的策略のように見える。

同時に中国は、従来の漢人ではなく中華人民共和国に対応した中国人という新しい民族を作ろうとしている。この上からの統合に従わず、自らは中国人ではなく、ウイグル人であることに固執する人々を中国人に強制的に同化し、統合しようとしている。明治政府が日本人という新しい民族に沖縄人を同化しようとした過程に似ている。

しかし、沖縄県という器を作っても、日本は沖縄人を完全に同化することはできなかった。いずれにせよ日本人はなぜ沖縄人が日本人に完全には同化できないのかが皮膚感覚として理解できない。これとよく似た構造が中国人とウイグル人の間にある。

沖縄の独自外交

世界情勢分析し戦略必要

（2021年7月31日）

コロナ禍で世界の構造が大きく変化しつつある。筆者が見るところ、その変化は二つの面で顕著に見られる。

第1は、グローバリゼーションに歯止めがかかった、各国の国家機能が強化されていることだ。国家機能でも行政権が、司法権、立法権に対して優位に立つようになっている。一部の政治学者が「大統領化」と名付ける現象が議院内閣制の国でも進んでいる。

第2は、格差の拡大だ。しかも格差が重層的に拡大している。国家間の格差がある。コロナ対策でも「持てる国」は国民にワクチン接種を保障することができるが、「持てない国」はそれができない。

一国内の地域間の格差も深刻だ。沖縄のように観光への依存度が高い地域は、コロナ禍によって受ける経済的打撃が格段に大きい。階級間、階層間の格差も拡大している。特に非正規労働者は、雇い止めなどで生活困難に陥っている。それにジェンダー間の格差も加わる。非正規の女性で、子育てをしている人は、コロナ禍による打撃を強く受けている。格差を是正するのは、国と地方自治体の責務だ。

沖縄人にとって、沖縄県は、地方自治体ではない。県民だけでなく、日本と全世界に在住する沖縄人の「祖国」だ。県は「半国家」である自覚を持って、コロナ対策、格差是正に取り組んでほしい。財源が足りなければ、基金を作って日本と世界の沖縄人に協力を訴えればよい。

コロナ禍はまだまだ続く。その過程で沖縄人のアイデンティティーを強化する政策を取ってほしい。

さらに国際情勢が激変している。米国、中国、ロシアだけでなく、英国、ドイツ、トルコ、イランなども国家エゴを強め、自国の権益を露骨に極大化しようとしている。帝国主義的な再編が起きている。米国が自由と民主主義を強調するのは、帝国主義国である米国の権益を拡張するのにそれが都合がいいからだ。中国やロシアが国家主権を強調するのも、両国の帝国主義政策に米国やヨーロッパ諸国が干渉するのを防ぐためだ。

このような帝国主義ゲームに沖縄は翻弄《ほんろう》されないようにする必要がある。そのために重要なことが二つあると思う。沖縄と日本の中央政府との関係や、沖縄の安全保障に密接な関係を持つ米国や中国の情勢だけでなく、世界に目を向けることだ。特にイスラエル、サウジアラビア、イラン、アフガニスタンなど米国にとってウエイトが高い国の情勢の変化が沖縄にどのような影響を与えるかを分析することだ。

その上で、沖縄と沖縄人がどうすれば生き残ることができるかについて、真剣に考え、戦略を練ることだ。それらの作業は沖縄人自身の手で行うことが重要だ。沖縄の政治の最大の問題は、政党が東京の動向を気にしすぎることだ。保守であれ、革新であれ、○○党沖縄県支部という発想を捨て、沖縄○○党として考え、行動することが重要だ。そこから沖縄の独自外交の基盤が生まれる。

糸数慶子氏の認識

相手はなぜ勝ったのか

（2021年11月6日）

10月31日の第49回衆議院議員選挙では、3区と4区で辺野古新基地建設を是認する自民党公認候補が当選した。県民の多くが辺野古新基地建設には、積極的、消極的という程度に差があるにせよ、反対しているにもかかわらず（筆者は積極的に反対している）、3区と4区で「オール沖縄」が敗北した理由は何か。

この点について、日本共産党中央機関紙「しんぶん赤旗」に掲載された糸数慶子前参議院議員のコメントが興味深かった。糸数氏は国会議員時代、日本の政党の系列には属さない沖縄社会大衆党に属し、特定のイデオロギーよりも沖縄人としてのアイデンティティーを大切にする政治家だった。

「アメリカ帝国主義による従属から日本を解放せよ」というような主張はせず、民主主義という価値観で沖縄と米国が共通の言葉を見いだすと信じていた。糸数氏の言葉に耳を傾けてみよう。

〈「オール沖縄」をめぐっては、選挙直前に金秀グループの呉屋守将会長が離脱を表明し、

〝弱体化〟が言われました。国策に従わなければ公共工事を発注しない「アメとムチ」政策が背景にあり、多くの社員を抱える経営者として苦渋の選択だったと思います。でも、私たちは1区で前回より得票を伸ばし、きっちり結果を出しました。／3区、4区で勝てなかったのも残念でした。でも、辺野古新基地ノーの「オール沖縄」の水脈は尽きることなく流れ続けています。大義が揺らぐことはありません。ただ、運動の手法がどうだったのか、反省すべきは反省すべきだし、相手がなぜ勝ったのかよく研究し、そこから学ぶこともあるでしょう。全国的な野党共闘の結果についても、同じことがいえるのではないでしょうか。〉**（3日「しんぶん赤旗」電子版）**

呉屋氏が「オール沖縄」から離れた理由は、中央政府による「アメとムチ」の政策だけではない。前回の名護市長選挙の際に呉屋氏が支援者を連れ、稲嶺進候補の応援に訪れたが、特定政党の支持者らが事務を取り仕切っていて呉屋氏らは会場に入れなかった。呉屋氏は強い不満を筆者に表明していた。翁長雄志前知事の時代と「オール沖縄」はだいぶ性格を異にする団体になったと筆者も認識している。

沖縄の自己決定を強く望む人々が少なからずいる。しかし、それらの大多数を引き寄せる魅力が現在の「オール沖縄」には欠けている。辺野古新基地を抱える3区で、新基地建設を推進する主張を県内の自民党所属議員でも特に強く主張していた島尻安伊子氏（今回の総選挙では公明党との連携もあり、辺野古新基地推進に焦点が当たらないようにしていたが）が当選したことで、中央政府は安堵《あんど》している。

しかし、島尻氏が北部地域の経済振興、一人親家庭の支援など、有権者のところを丁寧に回り、地域の需要を吸い上げる努力をしていた事実も認めるべきだ。北部では基幹病院も整っていない。政治がやるべきことはたくさんある。今、沖縄の革新勢力に求められるのは、糸数氏が述べるように「相手がなぜ勝ったのかよく研究し、そこから学ぶこと」だと思う。

（2021年11月27日）

中国との対話

信頼関係築き戦争回避を

中国の王毅国務委員兼外相が林芳正外相に訪中の招待があったことが明らかになった。

〈林芳正外相は21日のフジテレビ番組で、中国の王毅国務委員兼外相と18日に電話会談した際、自身への訪中の招待があったと明らかにした。日程については「現段階で何も決まっておらず、具体的な調整が始まったわけではない」と述べた。／中国共産党最高指導部メンバーだった張高麗元副首相との不倫を告白したテニス選手の彭帥さんの安否に関し「注視している」と語った。日本政府の具体的対応は検討していないとした。／バイデン米大統領が北京冬季五輪に米政府高官らを派遣しない「外交ボイコット」の検討に言及した点について「われわれとして考えていく」と述べるにとどめた。〉（**21日、本紙電子版**）

筆者は中国との関係で「価値観戦争」を行うことは得策でないと考えている。中国が欧米や日本と共通の価値観を持つまで圧力を加えていくという方法を取っても、中国がそれに応じることは考えられない。

そもそもその国家がどのような政治体制を取るかは、一国の主権事項である。国家主権の尊重、内政不干渉という近代国際法の原則を主とするが、現在の国際社会の基準から著しく逸脱する人権問題などについては、必要最小限の関与をするというのが戦争を避けるために必要なアプローチと思う。

ウイグルにおける中国の同化政策には、民族の自己決定権に照らして深刻な問題がある。われわれ沖縄人だってかつては琉球語を日常語としていた。また自らの王を持っていた。琉球処分（沖縄の廃藩置県）のときに日本の軍事力を背景に琉球王朝は解体され、尚泰王は半強制的に東京に移住させられた。

琉球王国は、1854〜59年にかけて米国、フランス、オランダと修好条約を締結し、国際法の主体として認められていた。しかし、日本による琉球の併合にこれら帝国主義列強は沈黙した。

21世紀の今日、琉球語を日常的に用いる人々は高齢者を中心とする人口の圧倒的少数派になってしまった。正規の教育では、沖縄の歴史からすると疎遠な日本史が教えられている。ウイグル人が置かれた厳しい境遇を他の日本人よりは沖縄人の方が皮膚感覚としてよく分かる。同時に少数民族問題を利用する帝国主義国は、自らの国益を追求しているにすぎず、少数民族の真の利益を体現しているのでないことをわれわれ沖縄人は皮膚感覚として理解できる。

こういう状況で重要なのは、現実的にウイグル人の人権状況を改善することだと思う。そのためにも中国との対話は不可欠だ。われわれ沖縄人にとって死活的に重要なのは、「祖国」沖縄が再び戦場にならないことだ。日本と中国の帝国主義的なゲームがはずみで武力衝突に発展した場合、地理的要因で沖縄はそれに巻き込まれる。このような事態を避けるためにも、林外相が中国を訪問して、中国の政治エリート、軍事エリートと人間的信頼関係を構築することが重要と思う。

過渡期の沖縄人（上）

自己決定権強化の段階

（2021年12月4日）

11月30日、筆者は東京の某大学病院で前立腺がんと診断された。前立腺生検の結果なので確定診断だ。悪性は中程度で、これから骨とリンパへの転移の有無について精密検査を受ける。筆者は末期腎不全で、妻がドナーとなる腎移植を検討していた。腎移植の条件として、移植される側に心疾患がないこと、がんがないことが条件となるので精密検査を受けた。心臓は移植に耐えられる状態だが、がんが見つかった。がんが転移している場合には移植を断念して、血液透析の準備を始めなくてはならない。

筆者の年齢で血液透析に移行すると統計上、余命は8年強程度だ。もっとも筆者の周辺で15年以上も透析を続けている人もいれば、2～3年で他界した人もいる。筆者も自分の人生の残り時間を真剣に考えなくてはならなくなった。また、血液透析を導入すれば、最低でも週3回、4時間の透析をしなくてはならず、仕事のペースもかなり落とさなくてはならない。

筆者は鈴木宗男事件に連座して2002年5月14日に東京地検特捜部に逮捕され、東京拘置所の独房で512日間を過ごした。そこで筆者に起きた最も重要な出来事は、今まで潜在的だった沖縄人としてのアイデンティティーが顕在化したことだ。きっかけは独房で外間守善先生が校注された岩波文庫版の「おもろさうし」(上下2巻)を読んだことだ。久米島のおもろで神々が西銘(母の出身地である)の新垣の杜に降臨したという件を読んで、自分は久米島にルーツを持つ沖縄人なのだという自己意識が強まった。

独房で母から聞いた沖縄戦の話、久米島での日本軍による住民虐殺の話、伯父(上江洲久・初代沖縄県人会兵庫本部会長、元兵庫県議会議員)から聞いた沖縄差別の体験、本土復帰闘争などの話が思い出された。大学受験では琉球大学法文学部と同志社大学神学部に合格した。筆者の内面では、琉球・沖縄史の勉強をしたいという思いとキリスト教神学を勉強したいという気持ちがせめぎ合っていた。

母親と沖縄の親戚一同から「優を琉球大学に送ったら過激な学生運動に関係し、内ゲバに巻き込まれるので絶対にやめろ」と説得された。それで同志社に進み、新左翼系の学生運動のシンパにもなったが、キリスト教への関心が強まり、洗礼を受け、大学と大学院で研究していた社会主義国での神学の勉強を深めるために外交官になった。

予想に反して外交官、特に情報の仕事は筆者の適性に合っていた。沖縄への関心は心の底に閉じ込められることになった。ソ連やロシアで筆者は少数民族の政治家と深く付き合った。この人たちと会う度に、筆者の沖縄人性が刺激された。

筆者は沖縄人は民族形成の途上にあると考えている。現在は沖縄の自己決定権を強化する段階で、沖縄人か日本人かという問題は顕在化していないが、いずれ顕在化する。
ただし、筆者が生きている間に沖縄民族が確立することはまだないであろう。ならば過渡期の沖縄人として、筆者はこれから残された持ち時間（少なければ2〜3年）で何をしなくてはならないか絞り込まなくてはならない。

過渡期の沖縄人（中）

アイデンティティーを築く

（2021年12月11日）

筆者が職業作家として取り組んでいる主な分野は、キリスト教神学、宗教、ロシア政治、日本政治、マルクス経済学、インテリジェンス、教育、沖縄の八つだ。これらのテーマに取り組みながら沖縄人であり、日本人であり、キリスト教徒であるとはどういうことかについていつも考えている。言い換えると筆者自身が沖縄人としてのアイデンティティーを確立するためにさまざまな知的遍歴を余儀なくされていると言えよう。

沖縄人は少数派だ。少数派が生き残るためには多数派がどのような論理で動いているかに敏感でなくてはならない。従って関心領域も広がるのである。

過渡期の沖縄人として筆者は先輩から渡されたバトンを次世代に引き継がなくてはならないと考えている。筆者は数本のバトンを預かっている。

第1が母（佐藤安枝、旧姓上江洲）から預かったバトンだ。母は昭和女子高等女学校2年生（14歳）のとき陸軍第62師団（通称「石」部隊）の軍属として沖縄戦に従軍し、九死に一生を得た。沖縄を二度と戦場にしないということが母の願いだった。2010年7月に母が死ぬ直前にも「優君には作家として沖縄が戦場にならないように、沖縄人と日本人が本当に仲良くなれるように努力してくれ」と言われた。

母から沖縄戦について聴き取った記録がある。また母が作成した手記もある。「母の沖縄戦記」というようなタイトルで本にまとめなくてはならないと思っている。

第2が作家の大城立裕先生から託されたバトンだ。大城先生からは、往復書簡の提案をいただいた。17年4月9日の大城先生からのメールを再度紹介する。

〈最近考えていることがあります。「沖縄問題」を膠着《こうちゃく》状態から解き放ちたいのです。政府は言うことを聞く気配がないので、そのうち沖縄人がくたびれるのではないかと思います。

視野をそろそろ辺野古よりはるか遠くに放ってみませんか。「同化と異化」と言いだして、同化一辺倒の人達から嫌われたのが、50年前ですが、こんどは、これから50年あとのことを考えてみたいのです。いきなり「独立」論では説得力に欠けますが、とりあえず「アイデンティティー」を築き、維持することを、考えてみませんか。具体的に「言葉」の運動をどう起こすか。

伝統芸能の殿堂を、今の国立劇場おきなわの国庫負担から解放するには？　農漁業を国の補助から解放するには……その他いろいろ。この話を、（文芸誌）「新潮」の往復書簡でやってみてはどうかと考えています。〉

早速、「新潮」の矢野優編集長と話し合い、企画が通り、第1信を筆者が書くことになったができなかった。筆者自身の沖縄人としてのアイデンティティーが、沖縄に住んだことがない遠距離ナショナリズムで、また外交官だった過去があるために国際政治を理想主義で語ることが自らの良心に反するので、なかなか適切な言葉が見つからなかったからだ。そうして3年近くがたってしまった。ようやく第1信の構想ができたので大城先生と連絡を取った。すると20年3月1日に次のメールが大城先生から届いた。

〈あいかわらずお忙しいことと思います。そのなかで、往復書簡の意欲を漏らされたことに、敬意を表します。ただ、当方の都合が良くありません。（中略）体調を崩しまして、2月20日のメモには、「来年あたり死にそうな予感」とあります。今年の誕生日までもつかなと思う事があります。医者の診断では血液不足ということです。昨日、今日と一日中眠ってばかりいます。というわけで、往復書簡を一応延期ということでお願いします。大兄の単発が可能なら、読みたくもあります。当方の仕事は、たぶん三月中に文庫本を一冊出して、打ち止めということになりましょう。〉

大城先生は同年10月27日に95歳で亡くなられた。大城立裕論を書き、その思いを次世代の沖縄人に伝えることもしたい。

過渡期の沖縄人（下）

琉球標準語形成を次世代に

（２０２１年12月18日）

過渡期の沖縄人として、筆者が行わなくてはならないと考えているのは教育だ。母（佐藤安枝、旧姓・上江洲)、大田昌秀元知事らから聞いた沖縄戦の話、翁長雄志前知事、作家の大城立裕氏らから託された琉球標準語の形成という問題意識を次世代の沖縄人に継承したい。

筆者自身が経験したソ連の崩壊、また筆者の基礎教育はキリスト教神学であるが、神学的発想だと他の人には見えない事柄が見えてくる話なども沖縄の若い世代に引き継ぎたい。そして先輩の世代、筆者らの世代の残した良いものを継承し、悪いものは克服するよう未来の沖縄人に訴えたい。

現在の日本の教育システムは、偏差値による競争、選別が行き過ぎている。この競争では情報が集中し、教育環境が充実した東京とその近郊が圧倒的に優位になる仕組みになっている。もっともこのような教育によって輩出されたエリートが機能不全を起こしているのも事実だ。沖縄の大学を基盤に、国際レベルの教養と専門知識を身に付け、将来の沖縄を建設していく若者の教育に従事したい。

筆者は公立名桜大学の客員教授として、昨年まで沖縄アイデンティティーに関する講義を担当していた。コロナ禍で対面授業ができないので今年は断念したが、体調を整えて再開したい。名桜大学の学生はとても意欲的で真剣に勉学に取り組んでいる。また仕送りを受けずにアルバイトで勉学を続けている学生も少なからずいる。

また半数の学生が沖縄以外の出身だ。沖縄人学生が沖縄人としてのアイデンティティーを確立するとともに、沖縄人以外の学生が沖縄の内在的論理を理解する場としてこの大学は重要な役割を果たしている。教師、職員も学生本位の教育を行う努力をしている。

名桜大学のある名護市は辺野古新基地建設問題を抱えている。また北部地域には基幹病院がないなど社会的インフラ整備も不十分だ。沖縄戦の記憶についても、北部地域と中南部地域では異なる。さまざまな問題を抱えている地域だ。だからこそ、政治的対立を克服し、沖縄人のアイデンティティーを確立するために重要な仕事が名桜大学ではできると考えている。

筆者の世代では、できそうにないこともある。琉球標準語の形成だ。沖縄の言語学者や琉球諸語の復興に従事している人の圧倒的多数は、那覇・首里の琉球語を基礎とする標準語の形成は、他地域の琉球諸語の発展を阻害する「キラー・ランゲイッジ」(殺人言語)を作る間違った試みと考えているようだ。

若い世代の沖縄研究者にもこの傾向が強い。そのため県はいまだ琉球語の正書法の規則すら定めることができない。筆者がこれから必要と考える琉球語は、日本政府と条約文書を作ることができ、公教育での社会科、数学科、理科などを教えることができる琉球語だ。翁長前知事、大城立裕氏が筆者に託したのはそのような公的琉球語の形成だった。

しかし、今、この問題を扱うと、各地域言語を尊重すべきと考える人々との間で深刻な分断が起きる。琉球語の回復というテーマが沖縄社会を分断することになってはならないので、筆者はこの問題については発言しないことにした。現世代の琉球・沖縄文学専門家が琉球語のテキストを集成しておけば、未来の沖縄人がわれわれの言語を復興してくれると期待している。

（2022年2月5日）

首里城再建

32軍壕の記憶継承を

1月31日の会見で玉城デニー知事が2019年10月31日に焼失した首里城の城郭内施設の復元などに活用する「首里城復興基金」への寄付金の受け付けを、3月31日で終了すると発表した。

〈県によると、既存の復興基金には21年12月末時点で約54億8300万円が寄せられた。うち約24億円は、正殿の壁や天井に使う県産材の調達などへの活用が決定している。寄付金の受付終了後は残りの資金を、北殿や南殿など焼失した城郭内施設の復元へ充当する。〉

（1日本紙電子版）

首里城再建に関して、中央政府の支援を断る必要はないが、極力、沖縄人の手によって実現したい。なぜなら首里城には、沖縄と沖縄人の統合を示す象徴としての機能があるからだ。かつて沖縄に琉球王国という国家があった。この国家は1854年の琉米修好条約、55年の琉仏修好条約、59年の琉蘭修好条約によって、当時の帝国主義列強から国際法の主体であると認知された国家であった。

79年の琉球処分（沖縄の廃藩置県）以降、日本の中央政府は沖縄で同化政策を進めたが、沖縄人は完全には同化しなかった。沖縄は過去も現在も未来も沖縄人のものである。沖縄の運命は沖縄人によって決められなくてはならない。再建された首里城は、単なる日本の観光地ではなく、沖縄の自己決定権を象徴する建造物になる。

県は新たに「県首里城歴史文化継承基金（愛称・首里城未来基金）」を創設するという。

〈具体的には、伝統的建造物の建造や修繕に関する専門知識や技術を有する人材の育成や、歴史・文化的に重要な施設の整備とその他歴史的景観の維持向上を図る。／県議会2月定例会に基金設置条例案を提案し、承認されれば22年4月から寄付を募る。〉

（前掲本紙）

筆者もこの基金を創ることに賛成する。重要なのは、「歴史・文化的に重要な施設の整備とその他歴史的景観の維持向上を図る」ことに首里城の地下も含むことだ。首里城の地下には沖縄戦の際に第32軍の司令部が置かれた。故大田昌秀氏（元県知事）は、筆者に何度も「首里城の地下にある第32軍の司令部壕の発掘調査をした上で復元し、二度と沖縄を戦場にしないという気持ちを未来の沖縄人に継承しなくてはならない。私は知事の時に実現したかったが、力がそこまで及ばなかった。あなたたちの世代でぜひ実現してほしい」と言われた。

筆者の母（佐藤安枝、旧姓上江洲）は、久米島で大田氏とは隣の字の出身で、子どもの頃から親しくしていた。母は昭和高等女学校2年生（14歳）の時に陸軍第62師団（石部隊）の軍属となり、軍と行動を共にした。軍命で首里から摩文仁に移動する途中で母は大田氏とすれ違って立ち話をした。「昌秀兄さんは、ひどくおなかを空かしていた。私はリュックの中に米と乾パンと缶詰があったが、人目を気にして昌秀兄さんに渡せなかった」と悔やんでいた。理由を聞くと「食料を渡すと周囲にいた日本兵に昌秀兄さんが、『女から物を恵んでもらうとは何事だ』と殴られると思ったからだ」と母は言った。

あの戦争に巻き込まれた沖縄人の一人一人が独自の記憶を持っている。第32軍司令部壕は、沖縄のつらい体験を象徴するもう一つの首里城なのである。

よみがえる制限主権論

新帝国主義時代の始まり

（2022年2月26日）

24日、ロシアのプーチン大統領は、ウクライナに対する「特別軍事作戦」の発動を命じた。事実上のウクライナに対する侵攻だ。ロシアは、ソ連時代から他国に侵攻する場合は国際法的擬制を整える。今回のロシアの動きを見てみよう。

21日、プーチン大統領が、ウクライナ東部のルハンスク州（ロシア語ではルガンスク州）の2分の1、ドネツク州の3分の1を実効支配する親ロシア派武装勢力（「ルガンスク人民共和国」、「ドネツク人民共和国」を自称）の国家としての独立を認める大統領令にクレムリンで署名した。大統領令を署名した直後にプーチン氏は「ルガンスク人民共和国」のパーセチュニク首長、「ドネツク人民共和国」のプシーリン首長とそれぞれ「友好、協力、相互援助条約」に署名した。この条約に基づきロシアは正規軍を両「人民共和国」に派遣することが可能になった。

今回の事態に至るにはウクライナのゼレンスキー大統領にも大きな責任がある。親ロシア派武装勢力が実効支配する地域に「特別の統治体制」を導入するための憲法改正をウクライナは2015年の「第2ミンスク合意」で約束した。しかし、19年に大統領に就任したゼレンスキー氏はその履行をかたくなに拒否した。

ウクライナが「ミンスク合意」を履行する意思を持たないと判断し、プーチン氏は両「人民共和国」領域のロシア人を守るために軍事介入を決断した。ウクライナ、欧米諸国は、ウクライナ政府軍による攻撃というのはロシアが糸を引く親ロシア派武装勢力による「自作自演」と主張するが、ロシアメディアの現地からの報道、避難民のインタビューから判断すると、現在起きている事態が「芝居」であるとは思えない。

しかし、今回、ロシアの取った行為は均衡を失している。1968年のチェコスロバキア侵攻の際、「社会主義共同体の利益が毀損《きそん》される場合、個別国家の主権が制限されることがある」という「制限主権論」(ブレジネフドクトリン)で侵攻を正当化した。ロシアの利益のためウクライナの主権が制限されるというのがプーチン氏の発想だ。断じて認めることはできない。

ここでは価値判断をとりあえず括弧に入れて、プーチン大統領の思惑について筆者の見方を記す。
1、プーチン氏の目的は二つある。一つはドネツク州とルハンスク州のロシア系住民を守ることだ。もう一つは、ウクライナの軍事力に壊滅的打撃を与えて、二度とロシアに対抗しないようにすることだ。そのためにはゼレンスキー大統領を失脚させる。
2、「ルガンスク人民共和国」と「ドネツク人民共和国」は、それぞれの憲法でルガンスク州、ドネツク州の全域を自国領土としている。ウクライナにもはやルハンスク州、ドネツク州は存在しないと主張し、両州の全域をロシア軍が占領する。

3、キエフ、オデッサなどをミサイル攻撃したのは、軍事通信システムの破壊が目的で、ドネツク州、ルハンスク州以外のウクライナ領を占領することは差し控える。ただし軍事的必要があれば、2州以外でも戦闘を展開する。

4、戦闘は比較的短期間で、ロシアの勝利によって終結する。

5、欧米や日本は、当初、激しく反発し、最大限の制裁をロシアに対してかけるが、軍事介入はできない。戦闘が短期で終了すれば、国際社会もいずれ現状を追認せざるを得なくなる。

大国が国家間係争を戦争で解決することを辞さない新帝国主義の時代が始まった。

ドネツク決戦

住民救うために停戦を

（2022年4月23日）

ロシアとウクライナの関係が一層悪化し、双方ともに引き下がることができない状況になりつつある。18日のロシア紙「イズヴェスチヤ」電子版（政府系）がクレムリン（ロシア大統領府）の意向などについてこう解説していた。

〈協議の進展に関するロシアとウクライナの見解が一致しない理由はなぜか。ペスコフ補佐官は（18日の）会見で「交渉の枠組みの中で専門家レベルの接触は続いている。プーチン大統領の、残念ながらウクライナ側には首尾一貫していないと述べたことを思い出してほしい。合意点がしばしば変化する。もっとましな交渉ができるはずだとの不満が残る」と述べた。／4月16日にゼレンスキーは、マリウポリのウクライナ軍の民族排外主義団体の戦闘員がせん滅させられるならば、キーウはモスクワとの交渉を止めると言った。／セルゲイ・オルジョニキーゼ元ロシア外務次官は、ウクライナ大統領のこの発言は非論理的だと指摘した。マリウポリでウクライナの軍人がせん滅されれば、（ロシア軍に対して）抵抗する者はいなくなり、交渉の必要もなくなる。元次官は、ゼレンスキーの発言の対象は、西側諸国の政府で、ロシアとの和平を欲していないということを示そうという試みだと強調した。〉

クレムリンは、ゼレンスキー政権を米国の傀儡《かいらい》と見なしている。「米国は、ウクライナが徹底抗戦の姿勢を崩さずにロシアを疲弊させることを狙っている。ならば、ゼレンスキー政権を打倒し、ロシアとの和平を望む政権がウクライナに登場するまで徹底的に戦うしかない」というのがロシア指導部の認識だ。

19日、ロシアのショイグ国防相は、国防省における会議で「米国とその影響下にある諸国は、特別軍事行動をできるだけ長引かせようとしてあらゆる画策をしている。大量の武器を供給してキエフ政権によってウクライナ人が最後の一人まで戦うようにと挑発している」(19日、ロシアのテレビ「第1チャンネル」[政府系]政治解説番組「グレート・ゲーム」より)と述べた。

米国の利益を体現するゼレンスキー政権が最後の一人まで戦うという方針ならば、武力抵抗する者は一人残らずせん滅するというのがロシア軍の方針だ。21日時点で、ロシア軍と親ロシア派武装勢力(人民警察と名乗っているが、実質は軍隊)はルハンスク州の九十数%を制圧した。ルハンスク州全域がロシアが国家承認し、支援している「ルガンスク人民共和国」の実効支配下に置かれるのは時間の問題だ。

他方、ドネツク州については、同時点で「ドネツク人民共和国」が実効支配する領域は50%強に過ぎない。今後、ドネツク州全体をロシア軍などが実効支配できるかどうかで戦争の帰趨《きすう》が決まる。

ドネツク決戦では、77年前に沖縄が経験したような住民を巻き込んだ地上戦が展開されている。無辜《むこ》の住民を救うためには、一刻も早い停戦が必要だ。一人でも多くの人命を救うという観点からこの戦争について考えなくてはならない。

復帰50年に寄せて

根底に戦争拒否の意志

（2022年5月14日）

明日は沖縄の施政権が日本に返還されて50周年に当たる記念日だ。この出来事を復帰と表現してもいいのかというわだかまりが筆者の中には少しある。むしろ再合同というのが実態に近いのではないかとも思う（日本からすれば再併合なのかもしれない）。

しかし、当時の沖縄人の圧倒的大多数の意志に基づいて復帰がなされたという事実は、沖縄の自己決定権の観点から歴史的に大きな意味がある。また日本国憲法についても沖縄に関しては占領軍が上から与えたものではなく、沖縄人の主体的意志によって、民衆と政治・経済・文化エリートが一体になって勝ち取ったものだ。そして何よりも重要なのは平和的手段で沖縄人が日本との再合同を勝ち取ったことだ。

沖縄返還50周年にあたって日本のいくつかのメディアから寄稿依頼があったが、全て断った。

その理由は、ウクライナ戦争の関連で「ウクライナ国民は武器を持って最後の一人まで戦うべきだ」という論調が主流となっている日本のメディアで沖縄について書くことに抵抗を覚えたからだ。日本との再合同にあたって沖縄人が最も強く望んだのは、二度と沖縄が戦場になることがなく、われわれの子孫に戦争を経験させないということだった。この思いを14歳の女学生時代に沖縄戦を体験した者の息子として引き継いでいくことが筆者の使命と思っている。

ところで復帰1年前の1971年の夏休みを筆者は沖縄で過ごした。泉崎に住んでいた大叔父大叔母の家と開南市場のそばで小さな食堂を営んでいた伯父伯母の家を往復していた。大叔父は製糖会社の役員で菓子会社の大株主だった。赤瓦の大きな家に住んでいて生活も豊かだった。対して開南では伯母が1人で食堂を切り盛りしていた。伯父は沖縄芝居の役者（女形）をしていたが、収入はほとんど家に入れなかったようだ。

食堂は、店が10畳くらいで、居住スペースは6畳もないトタンとベニヤ板で建てた小さな家だった。店は繁盛していた。壁には、そば15仙（セント）、みそ汁15仙、Bランチ20仙というようなメニュー表が書かれていた。店に付属した小さな売店では清涼飲料水も販売していてコカコーラが10仙だったのに対して沖縄産のミスターコーラやベストソーダは5仙だった。筆者はベストソーダが好きになり、毎日のように飲んでいた。

伯母は沖縄戦のとき母と共に陸軍第62師団（通称「石部隊」）の軍属として戦争を体験した。

伯母は22歳で沖縄戦を体験したので、母よりも鮮明に戦争を記憶していた。当時、昼に民放でひめゆり学徒隊に関するテレビドラマが放映されていた。伯母は毎回、涙をこぼしながらテレビを見ていたが、「優、実際の戦争はこんなものじゃなかった。本当につらい記憶は言葉にできないよ。伯母さんの人生は戦争で止まっちゃった。食べていければそれでいいよ。それ以上のことはもう望んでいない」と言っていた。

母の親族には努力家が多く、実業家、政治家、大学教師、医師、歯科医師などになった人もいた。その中で、開南で食堂を営む伯母だけが貧しい生活をし、親族とも関係をほとんど持たなかった。伯母から聞いた戦争体験についての断片的な話が時々、頭に浮かび、胸が締め付けられるような思いになる。

「慰霊の日」平和への誓い

ウクライナ戦争　我が事に

（2022年6月25日）

沖縄戦当時、女学校2年生だった私の母は14歳で日本軍の軍属となり、前田高地の戦い、首里の戦いを経て、日本軍が組織的抵抗を終えた1945年6月23日後も数週間、摩文仁のガマに潜んでいた。米兵に発見されたとき母は手榴弾で自決しようとしたが、隣にいた日本軍の下士官に制止されて思いとどまった。このことについては本コラムでも何回か書いたので、ここでは繰り返さない。沖縄戦の生き残りの息子として、平和への母の思いを継承する責任が筆者にはあると思っている。

23日の沖縄全戦没者追悼式の平和宣言で玉城デニー知事は、沖縄戦とウクライナ戦争を関連付けて重要な発言をした。

〈ウクライナではロシアの侵略により、無辜《むこ》の市民の命が奪われ続けています。美しい街並みや自然が次々と破壊され、平穏な日常が奪われ、恐怖と隣り合わせで生きることを余儀なくされている状況は、77年前の沖縄における住民を巻き込んだ地上戦の記憶を呼び起こすものであり、筆舌に尽くし難い衝撃を受けております。／沖縄県としては、人道支援の立場から、ウクライナからの避難民受け入れ等の支援を行っており、一日も早い平和の回復を強く望みます。／「戦争は人の心の中で生まれるものであるから、人の心の中に平和のとりでを築かなければならない」と、ユネスコ憲章の前文に記されております。／平和な社会を創造するためには、国際社会が連帯し、多様性や価値観の違いを認め合い、対立や分断ではなく、お互いを尊重し、対話を重ね、共に平和を追求していくことが、今求められているのではないでしょうか。〉**（23日、本紙電子版）**

追悼式に参加した岸田文雄首相のあいさつがウクライナ戦争に全く言及せず、形式的なものだったのと対照的だ。

ウクライナ戦争と沖縄戦を結び付けて考えているのは玉城知事だけではない。知事とは政治的に対立する立場にある公明党沖縄県本部の金城勉代表（県議）は、同本部50年史の前書にこう記している。

〈ロシアのウクライナへの侵攻が世界中に衝撃を与えている今日、日本を取り巻く安全保障環境も変化し、特に、沖縄は尖閣問題を抱えており国境離島の緊張感が増している。しかし、沖縄県民は二度と再び戦火を交えることには断固反対する。／平和の党・公明党は、永遠に地球民族主義・絶対平和主義を貫いていく。〉**（公明党沖縄県本部50年史編纂委員会「県民とともに――公明党沖縄県本部　50年の歩み」公明党沖縄県本部、２０２２年）**

東京に住む日本系沖縄人として、「本国」沖縄では、政治的立場が異なるにもかかわらず、ウクライナ戦争で苦しむ人々の痛みをわが事として受け止め、平和に向けた決意を表明する政治家がいることを筆者は誇りに思う。

トッド氏の戦争観

無意識に文化、伝統対立

（2022年11月12日）

ウクライナ戦争に関するフランスの人口学者で歴史学者のエマニュエル・トッド氏の見方が興味深い。まずトッド氏は経済の新自由主義化が地球規模で進む過程で「生産よりも消費する国」と「消費するよりも生産する国」に世界が二分化されたことを指摘する。

〈まず経済のグローバリゼーションが進むなかで、「生産よりも消費する国＝貿易赤字の国」と「消費よりも生産する国＝貿易黒字の国」への分岐がますます進んでいることが確認できます。／その地理的分布を見ると、ロシア、中国、インドという米国が恐れている三国がユーラシア大陸の中心部に存在しています。ロシアは「軍事的な脅威」として、中国は「経済的な脅威」として、インドは「米国になかなか従わない国」として、それぞれ米国にとって無視できない存在なのです。ここで重要なのは、この三国がともに、「産業大国」であり続けていることです。ロシアは、天然ガス、安価で高性能な兵器、原発、農産物を、中国は工業完成品(最終生産物)を、インドは医薬品とソフトウェアを世界市場に供給しています。/それに対して、米国、イギリス、フランスは、財の輸入大国として、グローバリゼーションのなかで、自国の産業基盤を失ってしまいました。/この両者の違いを人類学的に見てみましょう。「生産よりも消費する国=貿易赤字の国」は、伝統的に、個人主義的で、核家族社会で、より双系的で(夫側の親と妻側の親を同等にみなす)、女性のステータスが比較的高いという特徴が見られます。/「消費よりも生産する国=貿易黒字の国」は、全体として、権威主義的で、直系家族または共同体家族で、より父系的で、女性のステータスが比較的低いという特徴が見られます。/要するに「経済構造」と「家族構造」が驚くほど一致しているのです。〉(エマニュエル・トッド〔堀茂樹訳〕『我々はどこから来て、今どこにいるのか　上』文藝春秋、2022年、7〜8頁)

経済構造と家族構造が一致しているというトッド氏の見方は実に興味深い。沖縄も日本も類型的には権威主義的で直系家族(太平洋戦争後、核家族化が進んだが、価値観としては現在も直系家族的だ）なので、英米（アングロサクソン）的価値観とは相性が良くないということになる。ウクライナ戦争の背景にも家族制度からもたらされる身体化された価値観があるというのがトッド氏の見方だ。

〈現在、強力なイデオロギー的言説が飛び交っています。西側諸国は、全体主義的で反民主主義的だとしてロシアと中国を非難しています。他方、ロシアと中国は、同性婚の容認も含めて道徳的に退廃しているとして西側諸国を非難しています。こうしたイデオロギー（意識）次元の対立が双方の陣営を戦争や衝突へと駆り立てているように見え、実際、メディアではそのように報じられています。／しかし、私が見るところ、戦争の真の原因は、紛争当事者の意識（イデオロギー）よりも深い無意識の次元に存在しています。家族構造（無意識）から見れば、「双系制（核家族）社会」と「父系制（共同体家族）社会」が対立しているわけです。戦争の当事者自身が戦争の真の動機を理解していないからこそ、極めて危うい状況にあると言えます。〉**（前掲書10～11頁）**

筆者もトッド氏の見解に近い認識だ。民主主義VS独裁というアングロサクソン流の単純な二分法ではなく、各国の文化や伝統を尊重した棲《す》み分け型の世界秩序に転換する必要がある。

百万本のバラ物語

超克した歌、重なる「捨て石」

（2023年1月14日）

正月休みにとても感動する本を読んだ。歌手・加藤登紀子氏の自伝的エッセー「百万本のバラ物語」（光文社）だ。「百万本のバラ」は、ラトビアの子守歌が原曲で、ユダヤ系ロシア人の詩人ヴォズネセンスキーがジョージアの画家ピロスマニを思い浮かべ、ロシア語の作詞をした。ソ連時代の国民的歌手だったアーラ・プガチョワが歌い、世界的に有名になった。プガチョワはロシアのウクライナ侵攻に抗議し、イスラエルに出国した。帰国のめどは立っていない。

現在も「百万本のバラ」は、ロシア、ウクライナ、ジョージア、ラトビアで歌われ続けている。愛を歌った歌が政治的対立を超克しているのだ。

ウクライナ戦争に関しても平和を求める加藤氏の真摯《しんし》な想《おも》いが伝わってくる。

〈戦争で人々の幸せは取り戻せません。／傷つくのは人々の命であり心です。／侵攻したロシア人も、侵攻されたウクライナ人も、共に被害者です。／一刻も早く戦争が終わってほしい！／でも、その願いも虚《むな》しく、戦争は世界を巻き込み、泥沼と化しています。／あたかも戦争というゲームを観戦するように、戦況を知らせるニュース。悲劇を貪《むさぼ》るように報道するジャーナリスト。／大きな国に立ち向かうウクライナに、いろんな国が武器を提供して長引かせようとする戦争。戦って死ぬのはウクライナ人、そしてロシア人です。〉（7頁）

ウクライナ戦争は、事実上、ロシア対西側連合（日本も加わっている）の戦いになっている。ウクライナに「いろいろな国が武器を提供して」いることが、この戦争が長引く原因になっているという現実から多くのジャーナリストや国際政治学者が目を背けている状況で、加藤氏はポピュリズムに流されずに自らの良心に忠実に発言する。加藤氏の勇気ある姿勢に敬意を表する。加藤氏はウクライナの現状を太平洋戦争末期の日本と重ね合わせて理解する。

〈私が生まれた1943年、第二次世界大戦末期の日本を思わずにはいられません。／日本はもうすでに事実上敗戦していました。それでも日本人は最後のひとりまで戦う、と国は言い続けたのです。／「国を守る」という言葉の強さに引きずられて、日本はたくさんのものを失いました。／私は今も、日本の敗戦がもう少し早かったら、どれほどの人が死なずにすんだのか、それを思わない日はありません。／せめて半年、3カ月、いえ1カ月でも……。／そうすれば、日本各地の無差別爆撃も沖縄戦も、7月16日の原爆実験も、

ヒロシマ・ナガサキの悲劇も、そしてソ連の参戦も防げたかもしれません。〉（7～8頁）

1945年2月の時点で日本に勝算はなかった。あのとき戦争を止めていれば、沖縄戦の悲劇はなかった。当時14歳だった筆者の母もこの世の地獄を体験しないで済んだ。沖縄は日本本土を防衛するための「捨て石」にされたのだ。現在、ウクライナは、米国を中心とする西側連合の価値観のための「捨て石」にされているのだ。加藤氏の即時停戦論を評者も全面的に支持する。一つでも多くの命を救わなくてはならない。

これ以上ウクライナ戦争が長引くと、ヨーロッパの緊張が極限に達し、第3次世界大戦が勃発するリスクが高まる。

（2023年4月15日）

画期的な県の条例

沖縄差別と闘う姿勢が重要

画期的な条例が制定された。3月30日に県議会が賛成多数で可決し、翌31日に県が公布した

「沖縄県差別のない社会づくり条例」だ。条例の前文ではこう規定する。

〈全ての人間は、生まれながらにして自由であり、かつ、尊厳と権利とについて平等である。／これは、世界人権宣言にうたわれている人類普遍の原理であり、また、基本的人権を侵すことのできない永久の権利として全ての国民に保障する日本国憲法の理念とするところでもある。／この理念の下、誰もが個人として尊重され、いかなる不当な差別も受けることなく、自分らしく生きることは、私たちの願いである。／しかしながら、不当な差別を解消するための長年の取組にもかかわらず、依然として、公共の場所やインターネット上で特定の個人又は不特定多数に向けて行われる特定の人種、国籍、出身等の本人の意思では変えることが難しい属性を理由とする不当な差別的言動、性的指向や性自認の多様性についての理解が十分ではないことに起因する偏見や不当な差別等が存在しており、私たちは、その解消に向けた取組を、さらに力強く、社会全体で推進していかなければならない。／ここに、全ての人への不当な差別は許されないことを宣言するとともに、人々が互いに人格と個性を尊重し合いながら共生する心豊かな社会の実現を目指し、たゆみない努力をすることを決意し、この条例を制定する。〉（**沖縄県公式サイト**）

以前にもこのコラムで述べたが、筆者は沖縄の歴史的、文化的特殊性に鑑みて、沖縄がそれ以外の日本と連邦（フェデレーション）もしくは国家連合（コンフェデレーション）を形成するのが望ましいと考えている。そうなれば独自の裁判権を持つことも可能だ。それによって日本の中央政府が一方的に定めたルールに従って辺野古新基地建設を法的に強要されるという事態も回避できる。

沖縄は自己決定権を持つ主体として「基本法（憲法）」を制定する必要があるが、「沖縄県差別のない社会づくり条例」は「基本法」の人権規定の内容を先取りしている。特に重要なのが第9条だ。

〈(県民であることを理由とする不当な差別的言動に関する施策）／第9条　県は、県民であることを理由とする不当な差別的言動の解消に向けた施策を講ずるものとする。〉（同条）

沖縄人であるが故に不当な差別を受けているという現実がなければ、〈県は、県民であることを理由とする不当な差別的言動の解消に向けた施策を講ずるものとする〉という規定は生まれない。県が沖縄差別の存在を認め、それと闘う姿勢を明記したことが極めて重要だ。

沖縄の自己決定権確立に向けた動きが一歩進んだ。現在の条例は「県は、県民であることを理由とする不当な差別的言動」という表現ぶりになっているが、これを将来、「県は、県民並びに沖縄人（県にルーツを持つ人でもいい）であることを理由とする不当な差別的言動」と改訂してほしい。県が擁護する対象を沖縄県以外の日本、さらには外国に住むウチナーンチュに拡大する必要があるからだ。沖縄に帰属意識を持つのは県民だけでなく、筆者のように日本で生まれ育った日本系沖縄人も世界のウチナーンチュも含まれるからだ。沖縄は日本の単なる県ではなく、全世界の沖縄人にとっての「祖国」なのだ。

日本の地上面積のわずか0・4％を占めるに過ぎない沖縄県に在日米軍専用施設の70％が所在するという構造化された沖縄差別の解消のためにも、この条例には大きな意味がある。

（2023年5月20日）

太平洋戦争終結の姿

反省不十分な本土が異常

評論家の古谷経衡《つねひら》氏（1982年生まれ）は、筆者が注目する若手評論家の一人だ。古谷氏の論壇での活動は、当初、ネット右翼系と親和性が高かったが、強靱《きょうじん》な思考力により右翼イデオロギーを脱し、実証性とヒューマニズムに基づいた評論活動をしている。
古谷氏は、沖縄が他の日本の地域と民主主義理解が異なる原因が太平洋戦争終結の姿にあったと考える。

〈戦前の日本は約7割が郡部に住んでいたことは述べた。郡部の生産力は青年層の出征と空襲による物流停滞・資源の不足によって相当低下していたが、都市部ほどのダメージを被ったわけではない。大量の陸軍がそのまま武装解除されたこと。郡部で生産力が辛うじて温存されたために、それをテコにして敗戦後の応急復興が企図されたこと。農村部のダメージが少なかったからこそ、敗戦後の大量餓死は起こらなかった。日本の戦争終結の姿は、他の枢軸国とはまったく異なっている。

唯一の例外は沖縄である。沖縄は沖縄戦で約10万の兵士・軍属が死に、更に約10万の民間人が戦死した。沖縄戦で沖縄のインフラは徹底的に破壊され、沖縄戦終結時点で健全な住宅は戦前の1割にも満たなかった。地上戦により貨幣経済も崩壊して、米軍収容キャンプから始まった戦後の沖縄は物々交換の原始経済からスタートを余儀なくされた。戦前の沖縄における支配層の利益は、戦災ですべて破壊された。戦前の沖縄は少ないながらも軽工業があったが、戦後は輸入経済（商社・輸入雑貨商）が寡占した。なぜなら、沖縄戦により戦後の沖縄の経済構造は米軍軍政下で「B円」が導入されたことにより、固定されたB円高レートで本土の物資を安く買うことができたからである。〉（古谷経衡「シニア右翼 日本の中高年はなぜ右傾化するのか」中公新書ラクレ、2023年、276頁）

米軍の軍票B円が使われたことにより、沖縄の製造業の基盤が崩されたという指摘はその通りと思う。古谷氏は沖縄では民主主義的自意識が確立されていることを高く評価する。

〈沖縄のあらゆる戦前体制は沖縄戦により消え去り、政治体制も琉球政府と米軍軍政との権利獲得も闘いの様相を呈した。戦前と戦後が完全に断絶された日本国土の例は、沖縄が唯一である。現在でも沖縄で反米軍基地運動が盛んで、永田町中央の姿勢に批判的なのは徹底的な戦災により戦前の体制を戦後に持ち越すことができず、確固とした戦争の反省と米軍軍政との権利闘争の中で強烈な民主主義的自意識が確立されたからだ。天変地異の一種として戦災をとらえ、だからこそ戦争の反省が不十分で、戦後もなんとなくの民主主義を受容してきた本土の意識と沖縄が異なるのほ、こうした戦争の終盤における歴史的原体験が大きく作用している。沖縄が特殊なのではなく、本土の戦争経験の方が特異なのである。〉（同276〜277頁）

小谷氏の分析は正しい。沖縄の民主主義は、勝ち取った民主主義だ。沖縄人の方が日本人よりも民主主義を自らの行動基準として身体化しているのだ。日本で古谷氏のような認識を持つ有識者が増えることが、沖縄人と日本人の真の相互理解のために重要と思う。

（2023年6月24日）

先住民族問題と沖縄

沖縄人は「先住民」主張を

沖縄人（ウチナーンチュ）のアイデンティティーに東京都立大学の深山直子准教授（社会人類学）が興味深い問題提起を行っている。

〈―沖縄でも、いわゆるウチナーンチュは先住民族であるという主張が一部にありますが、一方で先住民と呼ばれることに反発する人たちもいます。

「先住民の議論では、当事者が自分たちのことをどう考えるのか、ということが重要だと考えているので、沖縄の住民をどう位置づけるかは、大変難しい問題です。日本では『先住民』『先住民族』という言葉に、ある種の未開性や蔑称的なニュアンスを感じる人が少なからずいることも関係していると思います。私たち研究者が、きちんと伝えられていないという反省もあります」

―それはメディアの役割でもあります。

「先住民問題は日本では我がこととして報道されにくいですね。国内の問題でも、地元紙は報じても、国家全体の話題として報じられることは少ない。しかし、先住民という概念は、国家との対比、あるいはマジョリティーとの対比の中で成立する概念です。本来は、局所的にとらえられるはずのない考えなのです」

「つまり、先住民がこの国にいるといった瞬間、すべての国民が関係することのはずですが、そうはなっていません」〉（**16日「朝日新聞デジタル」**）

以前にもこのコラムで述べたが、筆者は4種類の沖縄人がいると考えている。

第1は、日本人に完全に同化したと考えている沖縄人だ。もっともこの人たちが日本人であることを過剰に強調する背景には、日本社会のメンバーとして自分たちが完全には受け入れられていないという意識があるからだ。

第2は、沖縄系日本人だ。自分のルーツは沖縄にあると考えるが、日常的には日本人であることに違和感を抱いていない人々だ。

第3は、日本系沖縄人だ。日常的には沖縄系日本人と区別がつかないが、「沖縄人か日本人かどちらか一つを選択しろ」と迫られた場合、沖縄人を選択する人々だ。沖縄にとって死活的利益、名誉と尊厳に関わる問題（辺野古新基地建設や日本人機動隊員による「土人」発言など）があると沖縄のアイデンティティーが前面に出てくる。ちなみに筆者もその一人である。十数年前は、沖縄系日本人というアイデンティティーを持っていた人々が急速に日本系沖縄人へシフトしていると筆者は見ている。

第4は自らを独立民族である琉球人と規定する人々だ。日本（あるいは日米）の植民地支配からの独立を考えている。

第三者的に見れば、琉球人だけでなく、日本系沖縄人もウチナーンチュは沖縄の先住民族と考えている。沖縄人が先住民族であると主張したとき「ある種の未開性や蔑称的なニュアンスを感じる」のは、われわれ沖縄人ではなく、日本人だ。日本による沖縄に対する構造的差別（特に米軍専用施設の過重な負担）を解消するためにも、沖縄人が沖縄の先住民族である事実を堂々と主張することが重要と筆者は考える。

辺野古不承認訴訟

司法も差別政策の一部

（2023年9月2日）

名護市辺野古の新基地建設で、沖縄防衛局の設計変更申請を県が不承認とした処分を巡る訴訟に関して最高裁判所からの文書が8月25日に県に送達された。

〈設計変更を承認するよう国土交通相が県に求めた是正指示の妥当性を争う訴訟は、県が申し立てた8項目のうち、災害防止要件や環境保全要件など4項目について受理された。最高裁が審査し、判断が示される。判決は9月4日。／一方、国は行政不服審査法上の審査請求人たり得るかといった「固有の資格」を巡る主張など4項目は、受理されなかった。〉**（8月26日本紙電子版）**

9月4日に最高裁がどのような判断をするかは、既に現時点で正確に予測することができる。

〈是正指示を適法とした福岡高裁那覇支部判決の変更に必要な弁論が開かれず、判決期

日が9月4日に指定されたため、県敗訴が維持される可能性が高い。〉（同上）

こういう結果になることは、最初から分かっていた。辺野古新基地建設の本質は、日本の陸上面積の0・4％を占めるに過ぎない沖縄に米軍専用施設の約70％が所在するという不平等な状況を是正せずに、さらに新基地を建設するという中央政府の沖縄に対する差別政策にある。しかもこの差別は構造化している。差別が構造化している場合、差別する側の人々は自らを差別者と認識していないのが通例だ。この構造化された沖縄差別は、日本の全てのシステムに埋め込まれている。司法もその例外ではない。

こういうときに重要なのは、建前を確認することだ。その意味で玉城デニー知事の対応は正しい。

〈文書送達を受け、玉城デニー知事は「憲法が司法に託した『法の番人』としての矜持《きょうじ》と責任のもと、憲法の保障する地方自治の本旨を踏まえ、公平・中立な判断をされることを最後まで期待する」とのコメントを発表した。〉（同上）

最高裁が公正・中立な判断をしないことが分かっていても、法の下で沖縄も他の日本と平等の扱いを受けるべきだという原則を確認するのだ。

軟弱地盤の上での建設を試みている辺野古の新基地が完成しないことを東京の政治エリート（閣僚、国会議員、官僚）もよく分かっている。しかし、軌道修正することができない。その理由は二つある。第一は、現状を維持することと辺野古新基地建設を中止することを比較した場合、後者の方が圧倒的に政治コストがかかるからだ。第二は、宗主国（植民地を支配する国家）の植民地主義的プライドのようなもので、沖縄の異議申し立てに応えることに対する無意識の抵抗だ。意識的ならば、合理的説得により矯正することができるのであるが、無意識な領域での認識を変化させることは難しい。

結局、沖縄人が大民族である日本人と「共生」する際には、常にこの種の構造化された差別と差別意識がつきまとうという現実を冷静に認識することが重要だ。最高裁の判決が沖縄の利益に反し、沖縄人の感情を逆なでするものであっても、われわれが冷静さを失わないことが重要だ。

東京の政治エリートは沖縄人が、日本に抵抗しても無駄だと諦めることを狙っている。沖縄人はこの状況に我慢して耐えているが、決して諦めたわけではない。理不尽なことに対して決して諦めないというのは沖縄人の特徴だ。だからこそ、１８７９年の「琉球処分」（日本による併合）後、21世紀の現在に至るまで沖縄人は日本人に完全に同化することはなく、自らのアイデンティティーを保持し続けてきたのだ。そのアイデンティティーは沖縄に住んだことがない筆者にも継承されている。

国家統合の危機

追い込まれている政府

（2023年9月9日）

名護市辺野古の新基地建設に関連した軟弱地盤改良工事に伴う沖縄防衛局の設計変更申請を県が不承認とした処分を巡り、国土交通相が県へ承認するよう「是正の指示」を出したことの違法性が争われた訴訟の判決で、日本の最高裁判所第1小法廷（岡正晶裁判長）は4日午後、県の上告を棄却した。裁判官5人の全員一致による結論だそうだ。日本の司法がそのような判断をしたことに対する筆者の感想は「あっ、そうですか」という以上でも以下でもない。

日本に連邦制が導入され、主権を持った琉球（沖縄）共和国ができれば、そこにわれわれの最高裁判所ができる。その日を待ち望みながら、この不愉快な現状に対しては、我慢するしかない。小説家で沖縄史に大きな足跡を残した故大城立裕先生は筆者に対して「ヤマトやヤマトゥンチュと付き合うことは、常に我慢が伴う。我慢し、耐えるが、決して諦めてはいけない」と繰り返し述べていた。大城先生の言葉を忘れずに筆者も東京に住む日本系沖縄人として作家活動を続けていきたいと思う。

5日、「朝日新聞」は社説で〈不承認に対しては、事業主体の防衛省沖縄防衛局が「私人」の立場で不服を申し立て、「身内」にあたる国交相が審査庁として判断。県の処分を取り消す裁決を出した。だが裁決後も県が承認せず、国交相が是正指示した。政府内部での審査のキャッチボールには、「国による私人なりすまし」「権利救済制度の濫用だ」と多くの行政法学者が批判の声明文を出している。／法の趣旨の逸脱になぜ明確に釘を刺さないのか。過去の関連訴訟でも最高裁は入り口論で再三、訴えを退けた。政府から離れた視点で行政をただし、独立した司法の存在を示すべきなのに残念だ〉と指摘した。その通りと思う。

もっとも東京の中央政府は「日本国家が私人になりすます」という禁じ手まで用いないと、国内植民地である沖縄をつなぎ留めることができないという危機的状況に追い込まれている現実が露呈した。

県が沖縄防衛局の設計変更申請を承認しなくてはならない具体的な期日の指定はない。玉城デニー知事は、この事情も踏まえて、沖縄の民意を反映した対応を、腹をくくって行えばよい。今後、国による代執行が行われると大混乱になると心配する人もいるが、より混乱するのは東京の中央政府だ。中央政府によるむき出しの暴力を目の当たりにすれば、沖縄人は自らのアイデンティティーを一層強めることになる。

どうも東京の政治エリート（閣僚、国会議員、官僚）には、本件の危機の本質が見えていないようだ。一寸の虫にも五分の魂がある。中央政府が沖縄人の意思を露骨に無視し、力で新基地を押しつけようとすると、沖縄人は「果たしてこういう人たち（日本人）と今後、一緒に生きていくことができるのだろうか」という根源的疑念を持つようになる。このことが日本国家の統合に危機をもたらす。

東京の政治エリートは自らの首を絞めるような選択を無意識のうちに行っている。無意識だから、それを矯正することは難しい。いま重要なのは、日本国家の理不尽な姿勢に対して、沖縄人の団結を強化することと筆者は考える。

（2023年9月23日）

知事の国連演説

沖縄益に大きな意義

スイス・ジュネーブで開かれた国連人権委員会において、18日午後5時半（日本時間19日午前0時半）ごろ、玉城デニー知事が演説を行った。

〈（知事は）政府が進める名護市辺野古の新基地建設について「県民投票により明確に埋め立て反対という民意が示されたにもかかわらず、貴重な海域を埋め立て、新基地建設を強行している」と訴えた。「米軍基地が集中し、平和が脅かされ、意思決定への平等な参加が阻害されている沖縄の状況を世界中から関心を持って見てほしい」と呼び掛けた。／辺野古新基地建設を巡る訴訟では、最高裁で県の敗訴が確定した。玉城知事は、過重な基地負担を負わされている沖縄に対し、さらに民意に反した新基地建設を強行する日米両政府の不当性を主張し、国際社会の世論を喚起したい考えだ。／軍事力の増強は周辺地域の緊張を高めるとして「県民の平和を希求する思いとは全く相いれない」と指摘した。2016年に国連総会で採択された「全ての人は、全ての人権が保護され発展が実現するような平和を享受する権利を有する」とする「平和への権利宣言」を沖縄で具体化するよう、関係する各国政府へ外交努力の強化を求めた。／沖縄県知事が国連人権理事会でスピーチするのは、2015年9月の翁長雄志前知事に続き8年ぶり2回目。玉城知事は、翁長氏が前回用いた「自己決定権」という言葉は盛り込まなかった。〉**（19日、本紙電子版）**

知事の演説に対して日本政府は強く反発している。

〈玉城氏の発言に対し、日本政府の代表者は「辺野古移設の方針に基づいて工事を着実に進めることが普天間飛行場の早期返還を実現し、住民の危険除去につながる唯一の解決策だ」と反論した。〉（**19日「読売新聞」電子版**）

この政府代表者も、辺野古の軟弱地盤を埋め立てて新基地を建設することが不可能であるのはよく分かっている。にもかかわらず、新基地建設を強行することが「住民の危険除去につながる唯一の解決策だ」と述べるのはシニシズム（冷笑主義）そのものだ。知事の国連演説に関するインターネット上の書き込みの中にも知事に対する名誉毀損《きそん》、沖縄ヘイトのような内容が多数見られる。

この日本の状況に鑑みれば、知事が国連で正々堂々と沖縄の立場を表明したことには大きな意義がある。先般の中国訪問、今回の国連演説など最近の知事の外交は、沖縄の利益を体現した効果的行動だと思う。

沖縄の米軍専用施設過重負担の問題に対する、日本政府や少なからぬ日本人の冷淡な姿勢が近未来に改まるとは思えない。この現実を踏まえ、われわれ沖縄人が「あの人たち（日本人）

と今後、どうやって付き合っていけばいいのだろうか。このままの沖日関係をわれわれの子どもや孫の世代に引き継いでいいのだろうか」ということを真剣に考える時機（タイミング）に至っていると思う。

筆者の腎臓移植後の体調がもう少し回復した時点で沖縄を再訪したい。その時は琉球新報の読者と、今後の沖縄と日本の付き合い方について膝をつき合わせ話し合いたいと思っている。日本との関係においても米国との関係においても、沖縄の自己決定権を確立することが最重要課題と筆者は考えている。なぜ今回、玉城知事の国連演説に「自己決定権」という言葉を盛り込まなかったのか、（何か戦略か思惑があると思うので）この演説を準備した県のスタッフの本音を聞いてみたい。

（2023年10月14日）

心閉ざすヤマトンチュ

現状を突破する言葉を

中央政府との激しいあつれきの中で玉城デニー知事はよく頑張っている。辺野古新基地建設に関する名護市辺野古沖の軟弱地盤の設計変更に関する斉藤鉄夫国土交通相の承認勧告に対し、国が設定した9月27日の「期限までに承認を行うことは困難」と回答した。判断を先送りにしたわけだ。辺野古新基地建設に反対するという公約を掲げ、それが有権者の多数に支持されて当選した知事としては当然の判断だ。

しかし、当然の判断を貫くことが沖縄の知事には難しい場合がある。2013年12月に知事として辺野古の海の埋め立てを承認した仲井真弘多氏だって、こんな決断はしたくなかったと思う。作家の大城立裕氏が埋め立て承認の直後、筆者に電話で「知事をこんなところに追い込むヤマトが本当に憎い。私は小説家だからイメージが湧くのだが、狭い窓のない部屋で、ヤマトの政治家から仲井真さんがコーナーに追い詰められ、承認を迫られる状況が目に浮かぶ。『琉球処分』のときに追い詰められていく王府高官の姿と二重写しになる」と述べていたことが記憶に焼き付いている。本紙は9月28日の社説で今後についてこう予測する。

〈今後、承認指示や代執行訴訟を通じて県に対する圧力は一層強くなっていくであろう。訴訟となった場合も厳しい対応を迫られることが予想される。／翁長雄志前知事による辺野古新基地の埋め立て承認取り消しを巡る2016年の訴訟で、県側は「この訴訟の判決に従う義務があると考えるか」と裁判長から問われている。同じような問いかけが今後の訴訟で繰り返される可能性がある。日本は「法治国家」であり、裁判結果には従わなければならないという姿勢である。これにどう対抗するか、県側の理論構築も求められる。〉

ここで県がどんなに知恵を巡らして法的理論構築をしても、日本の司法機構はそれを受け入れない。国家機関が私人を装って県の決定を覆すようなトリックを平気で認めるのが現下日本の裁判だ。もっと突き放して見れば、構造化された沖縄差別に日本の司法機関も組み込まれているので、こういうことが起きるのに意外性はない。

むしろ重要なのは、日本人に沖縄人の本音を伝えることができる言葉を見いだすことだ。言葉を見いだすための理論構築が県にも沖縄の作家、知識人、記者にも求められている。翁長前知事は「魂の飢餓感」という言葉を用いた。大田昌秀元知事は、もっと激しく「醜い日本人」という表現をした。沖縄人の心（魂）がヤマトンチュ（日本人）に伝わらないことのいら立ちを翁長氏、大田氏はこういう言葉で表現したのだと思う。

客観的に見て、沖縄人に最も近い民族は日本人だ。沖縄人のほとんども日常的に日本語を用い、日本語で思考する（外国に居住する沖縄人の場合は、琉球語と現在居住している国家の言葉を用い、日本語で思考しない場合もある）、教育も共通している。しかし、一部の問題（辺野古新基地建設問題はその一つである）について、沖縄人の言葉が日本人に通じない。そして日本人の言葉が、本質的に暴力性をはらみ、沖縄人を対等の人間と見なしていないようにわれわれ（少なくとも日本系沖縄人との自己意識を持つ筆者）には聞こえる。日本人にも善き人々はいる。筆者の認識では、ほとんどの日本人は善き人々だ。しかし、沖縄との関係でこの日本人たちは沖縄人の声に心を閉ざす。この現状を突破する言葉を見いだすことが沖縄側の最重要課題と筆者は思っている。

（2023年11月18日）

米軍の本音

新基地完成後も普天間存続

辺野古新基地建設を米軍が必ずしも望んでいないという本音が露見した。

〈米軍普天間飛行場移設に伴う名護市辺野古の新基地建設について、米軍関係者は（11月）7日、記者団の取材に対し、新基地の完成が「早くて2037年になる」と述べ、移設が終わるまでの間「普天間基地はここで維持される」との認識を示した。軍事的優位性は普天間基地の方が高いとの考えも語った。台風など災害の影響で工事はさらに遅れる可能性もあるとし、普天間基地の危険性除去までの期間が長期に及ぶ可能性を示唆した。／現状の普天間基地の重要性の例として、滑走路の長さが２８００メートルあることや、西海岸の高台にあることを挙げた。滑走路が長いことでさまざまな大きさの航空機を運用でき、西側の高台に面しているためレーダーの視界が広がるなどの利点があるとした。／一方、移設先となる辺野古新基地は滑走路が１８００メートルと短いほか、東海岸の埋め立て地という、普天間基地とは真逆といえる環境にある。／この関係者は政治面を考慮せずに軍事的に考えれば「普天間基地の方がいい」と語った。〉（8日、本紙朝刊）

仮に辺野古に新基地ができても米軍は普天間に居座る可能性があると筆者は受け止めている。また日本の政治エリート（国会議員・官僚）のみならずマスメディア関係者の沖縄に対する冷淡な態度に鑑みれば、米政府が「辺野古新基地では十分な防衛機能が果たせないので、台湾有事に備えて普天間飛行場も当面併用したい」と申し入れれば、日本政府がそれを沖縄に押しつける可能性が十分あると思う。

どうも沖縄戦が終わって78年以上になる現在も米軍は沖縄を戦利品に過ぎないと認識しているようだ。だから宜野湾市民の危険を顧みず、普天間飛行場に居座ろうとすることができるのだ。

防衛省は在沖米軍幹部が本音を漏らしたことで、かなり焦っている。

〈沖縄県の米軍普天間飛行場の名護市辺野古移設に関して、米軍幹部がメディアワークショップで新基地建設完成後も普天間飛行場を維持したい考えを示したことに対し、木原稔防衛相は10日の閣議後、記者団に見解を問われ「普天間飛行場の固定化を避けるために辺野古移設が唯一の解決策だと米側と累次にわたって確認している」と答えた。／米軍幹部の発言そのものに対する見解については「逐一コメントすることは控えたい」と述べた。その上で「私も10月に訪米し、オースティン米国防長官と会談したが、その際も辺野古移設を含む米軍再編計画について今後の着実な進展のために日米で緊密に協力していくことを確認した」と強調した。〉**(10日、本紙電子版)**

こんな説明では、県も県民も、筆者を含む県外に在住する沖縄人も納得しない。日本政府や米国政府の「良識」に期待するのでは、沖縄の死活的利益を擁護することはできない。「良心的な」日本人と米国人に同情されながら差別を押しつけられるよりも、沖縄人自身が自己決定権を強化し、自らの力で沖縄の利益を守る仕組みを作らなくてはならない。

沖縄の再団結

タブー排し話し合おう

（2023年12月23日）

米海兵隊普天間飛行場の移設に伴う辺野古新基地建設で、大浦湾側の軟弱地盤改良工事に向けた設計変更申請の承認に関して、斉藤鉄夫国土交通相が玉城デニー知事に代わって承認するために提起した代執行訴訟の判決で、福岡高裁那覇支部（三浦隆志裁判長）は20日、国の請求通り県に承認するよう命じた。日本による沖縄に対する差別が構造化している現状で、この判決には何ら意外性がない。日本の中央政府や裁判所はそういうものなのだと淡々と受け止めればいい。

〈法定受託事務の代執行の判決は史上初。大浦湾の埋め立て工事は重大局面を迎えた。防衛省関係者によると、本格的な着工は年明け以降になるという。複数の県関係者によると、知事は期限内に承認しない公算が大きい。／判決は県に対し、判決文の送達を受けた翌日から、休日を除く3日以内に承認するよう命令。県は20日に判決文を受け取ったため、25日が承認の期限となる。県が承認しない場合、国が承認を代執行し、大浦湾側の工事が着手されることになる。県は27日までに上告できるが、最高裁で逆転勝訴しない限り工事は止まらない。〉（**21日、本紙電子版**）

玉城デニー知事が、ヤマトの裁判所が勝手に決めた期限に拘束されないという判断を示すのは、日本とは歴史的に異なる過程を経た琉球王国を継承する沖縄の最高責任者として当然の態度と思う。

この機会に、沖縄の団結を再度、確認することが重要と思う。筆者は、繰り返し述べていることであるが、辺野古新基地建設には反対だ。沖縄、ヤマト双方の安全保障にとっても、この基地は必要ないと考える（沖縄人を威嚇、萎縮させる必要があると考える一部の日本人政治エリートにはこの新基地が必要なのだろう）。そもそも米海兵隊が沖縄にいなくても沖縄とヤマトの防衛には支障がないと思っている。同時に筆者と違う見解を持つ沖縄人の声にも真摯《しんし》に耳を傾ける必要があると考える。

このあたりで保守、革新の枠を超えて、われらが愛する沖縄の現在と未来のために、一人一人がほんの少しだけ今までよりも勇気を出して話し合おうではないか。沖縄人同胞の中には、事態がここまで進んでしまった以上、新基地の受け入れはやむを得ず、その見返りを得た方がいいと考えている人もいると思う。そういう人は黙っていないで、自分の意見を素直に書いて琉球新報に送ればいい。

また、ごく少数だと思うが、日本の国防のために沖縄は防人《さきもり》の役割を果たすべきで、新基地建設を積極的に推進すべきと考えている沖縄人もいると思う。そういう人も自分の意見を遠慮せずに書いて琉球新報に送ればいい。琉球新報統合編集局は優れたプロ集団だ。沖縄のことを真摯に思う沖縄人の意見ならば社論と異なっていても、読者に紹介するという選択をすると筆者は思っている。

そうして一切のタブーを排して、この状況で沖縄が日本とどう付き合っていくかを本音で話し合うべきと思う。こういう過程自体が沖縄の自己決定権を強化すると筆者は考える。


（2024年1月13日）

不信から信頼へ

知事の忠告は日本に有益

8日午後、那覇市の琉球新報ホールで行われた第1回人間の安全保障フォーラム（琉球新報社、ゴルバチョフ財団日本事務所主催）に出席した。玉城デニー知事と踏み込んだ討論を行えたことがとても有益だった。筆者の理解では、玉城知事は「不信から信頼」への構造転換を県内でも日本との関係でも行おうと本気で努力している。

辺野古新基地建設問題を巡って沖縄社会には分断が生じかけている。この状況を知事は対話によって克服しようとしている。辺野古新基地建設を容認する県民とも対話していくという姿勢を明確にした。

新基地建設を容認する見返りに経済的利益を得るのが現実的だ、日本の国防を強化するために新基地を積極的に受け入れるべきだと考えるウチナーンチュも自分の意見を率直に知事に伝え、どのような選択肢が沖縄のためになるか真剣に議論してほしい。そこから立場は違っても沖縄人同士の信頼関係が強化される。

知事は特定のイデオロギーや政治的立場から辺野古新基地建設問題に対応しているのではない。沖縄の民意と日本の法律の常識的解釈に従っていることが今回の討論を通じて伝わってきた。

〈有事への懸念について玉城知事は「国からの情報が不十分であり、当事者でありながらウチナーンチュが排除されている。県民の命を守るためにも、権利を主張しなければ」と危機感を表した。〉**（9日本紙）**

知事の主張は日本の利益にも合致する。沖縄人の底流には「われわれは自己決定権を持っている」という意識が流れている。他の日本とは異なる琉球王国の歴史を継承するという意識も沖縄人のアイデンティティーの一部になっている。

当事者である沖縄人を排除するような中央政府の姿勢に対して、われわれは強い不満を持っている。中央政府は強い姿勢で沖縄に臨めば、沖縄人は諦めると思っているかもしれないが、それは大きな間違いだ。沖縄人は中央政府の強権的な姿勢に対して我慢しているのであり、諦めているわけではない。中央政府だけでなく、普通の日本国民も、「我慢」と「諦め」の違いを正確に認識してほしい。

沖縄という他の日本と異なる地域に、中央政府が適切な情報を提供せず、戦争への備えを強めるような政策をとり続けると、沖縄人の心が日本から離れていく。そして国家統合の危機が生じる。どうもこの可能性を中央政府の政治家や官僚も、大多数の日本人も真剣に捉えていないようだ。

台湾有事に日本が関与するということは、沖縄が戦場になる可能性を意味する。そのとき沖縄の食糧事情はどうなるのだろうか。2021年に県で生産された米は2160トンだ。日本全体の米の生産量は756万3千トンだ。有事で物流が途絶えた場合、沖縄で深刻な飢餓が生じることは間違いない。台湾有事を巡る勇ましいが、県民の生活を考えない不真面目な論議にわれわれが付き合う必要はない。玉城知事の中央政府への諫言《かんげん》は、日本の国家統合を維持するためにとても有益だという現実を日本人は理解した方がいい。

あとがき

沖縄はこれから激動に巻き込まれていきます。その最大の要因は、アメリカの力が急速に弱っていることです。しかし、その現実が日本人にはよく見えていません。すこし乱暴なたとえ話で説明します。広域任侠団体（二つ以上の都道府県にまたがる暴力団組織）の縄張りが狭まってきました。すると本部は直参の組に上納金を増やせと指示します。そして、本部当番の回数も増えます。アメリカが日本に防衛費を増大することを要求し、日米合同での軍事活動が増えているのもこれと類比的な構造です。全体像がよく見えていない人には日米同盟が一層強化され、日本の国際的地位が向上しているように見えます。しかし、実際はアメリカの影響力が低下する過程で起きている弥縫策《びほうさく》に過ぎません。

そう遠くない時期に、東アジアでも勢力均衡線の引き直しが行われます。この地域における主要プレイヤーとなる国と地域は、日本、アメリカ、中国、ロシア、北朝鮮、韓国、台湾（地域）です。20世紀末と比較して、日本とアメリカを除く全ての国と地域が相対的に力を伸ばしています。そうなると新しい勢力均衡線は、日本とアメリカにとって不利なところで引き直されることになります。最近、台湾問題で、日本とアメリカが合理的根拠なく危機を煽っているのも、勢力均衡ゲームで守勢に回っていることを無意識のレベルで感じているからと思います。ちなみに日本の保守派は、台湾を「準同盟国」のように見なしていますが、台湾も尖閣諸島に対する領有権を強く主張していることをこの人たちが忘れているように思えてなりません。

勢力均衡線の引き直しは、帝国主義的な力の原理に基づいてなされます。この過程で戦争のリスクが高まります。2022年に勃発したウクライナ戦争も、突き放して見るならば、アメリカの代理であるウクライナと再び力をつけてきたロシアが新たな勢力均衡線を画定するために行っていると見ることができます。

沖縄の周辺では、日本、アメリカ、中国、台湾が極めて危険なゲームを行っています。このゲームの過程で沖縄が戦争に巻き込まれることだけは断固として阻止しなくてはなりません。そのために必要なのはイデオロギーではなく、リアリズムです。現実的に沖縄の平和を強化するために本書を活用していただければうれしいです。

本書を上梓するにあたっては、琉球新報社の新垣毅氏、新星出版に大変におせわになりました。どうもありがとうございます。

佐藤　優（作家・元外務省主任分析官）

佐藤 優（さとう・まさる）

略歴

1960年、東京都生まれ。

作家・元外務省主任分析官。母親は沖縄の久米島出身。同志社大学大学院研究科修士課程修了後、外務省入省。分析のエクスパートとして対ロシア外交の最前線で活躍した。

2002年５月、背任容疑で逮捕。東京拘置所に512日間勾留される。

逮捕後も辞職せず、最高裁で有罪（懲役２年６カ月、執行猶予４年）が確定し、2009年７月に失職。

2013年に執行猶予期間が満了し、刑の言い渡しが効力を失った。

2005年発表した『国家の罠―外務省のラスプーチンと呼ばれて―』（新潮社）で第59回毎日出版文化賞特別賞を受賞した。著書多数。新聞・雑誌などに外交評論や文化論を執筆している。

本書は、佐藤優氏が琉球新報に執筆している「佐藤優のウチナー評論」を、2010年３月13日付第112回から2024年２月10日付第834回までの中から128回分を選び、掲載したものです。連載は継続中で2024年４月末現在849回となります。

なお、2008年１月５日付第１回から2010年３月６日付111回までを収録した「佐藤優のウチナー評論」（琉球新報社出版）に続き、本書は２冊目となります。

佐藤優のウチナー評論 2

2024年7月17日　初版第一刷発行

著　者　佐藤優

発行者　普久原 均
発行所　琉球新報社
〒900－8525
沖縄県那覇市泉崎1－10－3
問合せ　琉球新報社統合広告事業局・出版担当
電 話（098）865－5100
発　売　琉球プロジェクト
印刷所　新星出版株式会社

ISBN978-4-86764-021-0　C0095